浙江省科技厅软科学一般研究项目(2021C35042）——基于文化转译的浙江乡村历史建筑适应性改造策略研究

浙江省教育厅一般研究项目(Y202045045）——基于原真性的浙江乡村历史建筑适应性再利用策略研究

浙江省教育厅高校国内访问学者"教师专业发展项目"（FX2021035）——基于文化传承的浙江乡村历史建筑文化溯源及传播机制研究

近代杭州城市建设制度建构
与城市建设发展研究

饶晓晓　著

ZHEJIANG UNIVERSITY PRESS
浙江大学出版社
·杭州·

图书在版编目（CIP）数据

近代杭州城市建设制度建构与城市建设发展研究 / 饶晓晓
著. — 杭州：浙江大学出版社，2022.7
ISBN 978-7-308-22450-5

Ⅰ. ①近⋯ Ⅱ. ①饶⋯ Ⅲ. ①城市建筑—地方史—研究
—杭州—近代 Ⅳ. ①F299.275.51

中国版本图书馆CIP数据核字（2022）第053558号

JINDAI HANGZHOU CHENGSHI JIANSHE ZHIDU JIANGOU YU CHENGSHI JIANSHE FAZHAN YANJIU

近代杭州城市建设制度建构与城市建设发展研究

饶晓晓　著

责任编辑　杨　茜
责任校对　许艺涛
封面设计　周　灵
出版发行　浙江大学出版社
　　　　　（杭州市天目山路148号　　邮政编码　310007）
　　　　　（网址：http://www.zjupress.com）
排　　版　杭州林智广告有限公司
印　　刷　杭州高腾印务有限公司
开　　本　710mm×1000mm　1/16
印　　张　13.75
字　　数　207千
版 印 次　2022年7月第1版　2022年7月第1次印刷
书　　号　ISBN 978-7-308-22450-5
定　　价　68.00元

目 录

1

导 言

1.1 研究背景和研究意义

1.1.1 研究背景

浙江省地处中国东南沿海长江三角洲南翼，具有良好的地理位置和丰富的资源，因此在近代成为西方殖民者首先入侵的地区之一，近代中国发生的许多重大事件都与浙江产生关联[①]。杭州于1896年开埠，且是浙江省的政治中心，内外因素的共同作用开启了其城市建设与建筑活动的现代化进程。1927年南京国民政府成立后，杭州成为浙江省政府仅设的两个城市之一，在省政府统一制度框架下，城市现代化进程加快，城市各项建设持续发展。因此近代杭州的城市建设与建筑活动的现代化进程在浙江省具有典型性和代表性。

由于东南沿海及长三角地区的港口城市分布集中，相对于上海、天津等主流城市而言，杭州在近代虽有发展，但并不充分，仍属于近代边缘城市。长期以来，学术界对近代边缘城市的城市建设现代化研究尚未引起足够的重视，已有的研究多集中于那些中国近代变迁剧烈、区域中心地位突出、个性

[①] 赵世培、郑云山：《浙江通史·清代卷（中）》，浙江人民出版社2005年版，第2页。

特点鲜明的主流城市，相关的研究成果也较多。虽然在一定程度上主流城市代表了中国近代城市建设现代化进程的最先进水平，但近代边缘城市也是其重要组成部分，如要形成完整、系统的中国近代城市建设现代化进程研究体系，就不应忽略边缘城市，这对于主流城市的研究亦是一种有益的补充。这也是笔者选取杭州进行研究的原因之一。

当前中国近代建筑史的研究视角已经不局限于以建筑类型、造型风格为内容的叙述，近年来，以关注城市规划与市政、建筑技术、建筑制度及建筑观念等为视角的研究得到了更多的关注。在近代城市建设的现代化进程中，城市的地理概况、社会、历史背景等综合作用形成了每一个城市区别于其他城市的特点。在诸多因素的作用下，中国传统建筑体系在近代逐步瓦解与重构，社会经济的发展推动了工程技术的进步并落实在各类工程建设上，建筑活动开始商品化和市场化，建筑生产开始工业化，传统建筑行业出现转型，建筑管理也开始向现代制度转型……这些问题在一定程度上引发了业界对城市建设管理机构、城市建设管理法规的关注，也促使笔者从制度角度思考近代杭州城市及建筑活动的现代化进程。

1.1.2　研究意义

以近代杭州城市建设管理制度建构与城市建设发展为研究主题，其意义主要体现在如下几个方面：

（1）近代时期，西方现代城市规划理念、建筑技术传入中国，导致中国广大城市的传统建造体系开始逐步向现代建造体系转变，纷纷成立现代城市建设管理机构、颁布现代城市建设管理法规，并在现代城市规划理念指导下制定各自的城市规划，开展现代城市建设活动。新的技术、理念给传统的中国城市注入新的活力，并很快在城市物质空间中体现出来——出现了宽敞的街道、壮观的楼宇，城市面貌发生了很大改变。这一进程在主流城市（如上海、天津、广州等）中体现得较为明显，边缘城市（如杭州、宁波等）则发展较为滞缓。长期以来，学界对主流城市的城市建设管理制度及城市建设发展的研究始终保持着较高的热度，对边缘城市的研究则较少。但要形成完整的中国近代城市现代化进程研究体系，就不应忽视这部分边缘城市，因此边缘城市的城市建设管理制度及城市建设发展研究具有一定的积极意义。

（2）以史为鉴，我们可以找到当代城市发展的方向。近代是杭州城市建设转型的重要时期，起到承上启下的作用，研究这一历史时期城市的建设及发展对当代杭州的城市建设与发展研究具有一定的积极意义。

（3）杭州于1896年开埠，且是浙江省的政治中心，内外因素的共同作用开启了其城市建设的现代化进程。1927年南京国民政府成立后，杭州成为浙江省政府仅设的两市之一，其城市建设的现代化进程在浙江省具有典型性和代表性，因此研究其城市现代化进程对浙江近代城市的现代化进程研究具有积极意义。对城市建设管理制度建构与城市建设发展的研究正是杭州近代城市建设现代化进程研究的最重要组成部分。

（4）对城市建设的研究离不开对城市建设管理制度的深入剖析。空间是一个社会产物，它不仅被社会关系所支持，也生产社会关系和被社会关系所生产。城市物质空间的背后，蕴含着丰富的政治、经济、文化等因素，而这些因素综合作用于城市建设管理制度，并在其制定和实施中体现出来，使城市规划理念和城市建设活动受到一定的思想、制度的制约，因此要系统研究杭州近代的城市建设与发展，就必须对当时的城市建设管理制度进行深入分析。鉴于同类研究还未深入该领域，本书将是杭州近代城市建设理论研究的一个突破。

1.2　研究方法和技术路线

1.2.1　研究方法

为求全面、深入地展开研究，本书采用了文献分析、实地调研、计量史学方法、历史比较研究等多种研究方法进行综合研究。

（1）文献分析：运用第一手档案文献资料，如政府公报、各建设机关定期发行的期刊、近代报纸、书籍、地图等，进行全面整理、考证、分析和归纳，对杭州近代城市与建筑活动的特点进行分析，以详细的原始资料为依据，力求客观、全面地还原历史。

（2）实地调研：对历史建筑的研究是城市建设现代化进程研究的重要组成部分，不少杭州近代建筑遗留至今，成为研究近代城市与建筑的重要资料，因此对历史建筑的实地调研是本书的重要基础性工作。笔者依据文物部门所列历史建筑保护等级，依次调查杭州市的国家级、省级及部分市级近代文物保护单位，拍摄了大量照片，并对历史建筑周边环境进行调研，力求形成较为全面的认识。在此基础上，笔者走访杭州各文物保护单位，获取了不少与历史建筑相关的信息，包括部分历史建筑的四有档案，收集了一些历史建筑的测绘图纸等资料。历史是不可复制的，但是这些历史建筑遗留下的宝贵信息使笔者得以据此对近代杭州各个时期的建筑活动进行以点带面的分析。

（3）计量史学方法：采用经济学领域常用的计量史学研究方法，对杭州近代城市建设与建筑活动进行定量分析，将片段式的零散史料图表化、数据化，得到一些基础数据，如各时期修建的道路数量、建筑数量等，进而分析城市发展的规律和特征。论文采用定量分析和定性分析相结合的方法以克服定性分析的局限性。

（4）历史比较研究：即在一种历史理论指导下，根据一定的规则对各历史现象实行历时性与共时性比较的方法，经常为当代史学研究采用。本书对近代杭州城市建设现代化进程进行多角度比较：①对杭州近代城市建设管理制度及城市发展、建筑活动进行纵向比较，以期总结不同时期城市建设的特点。②将边缘城市杭州与主流城市上海、南京等进行同类问题比较，从而更好地梳理杭州近代城市建设管理制度及城市建设、建筑活动的发展特点，锚固杭州在中国近代城市史、建筑史中的位置。

1.2.2 技术路线

本书将视野集中于近代边缘城市——杭州，以城市建设管理制度为切入点，以历史学、社会学和城市规划学三个学科交叉研究为基础，以一手史料为依据，从近代杭州历次城市建设管理法规的制定、相应的城市规划的制定、城市建设的具体落实及其相互联系等方面剖析近代杭州城市建设现代化的发展程度，着重解决以下 3 个问题：

（1）对杭州近代城市建设管理法规进行全面梳理，着重从技术层面对法规进行解析，以解读近代杭州城市建设管理制度的发展程度。

（2）通过横向及纵向比较准确定位近代杭州城市建设管理法规的地位，考察其与主流城市之间是否存在显著差异。

（3）剖析近代杭州城市规划及建设与城市建设管理法规之间的关系，如法规对城市规划制定的影响，制度及城市规划与实际建设之间的差距等。

1.3　主要内容

本书共有 8 章。

第 1 章是本书的研究背景、研究意义、研究方法和技术路线。

第 2 章论述杭州近代城市建设管理制度建构与城市建设发展的理论基础，主要内容包括相关概念的界定、相关研究综述及本书研究的相关基础理论。

第 3 章梳理杭州在近代前期城市建设管理制度的萌芽，了解西方现代城市建设管理制度对近代早期边缘城市的影响。

第 4 章对杭州近代前期城市建设的基本事件及活动进行整理，把握近代杭州城市建设现代化进程的前期发展脉络。

第 5 章对杭州近代后期（1927—1937 年）的城市建设管理制度发展进行阐述。1927 年南京国民政府成立后杭州建市，这是对近代杭州城市建设现代化进程产生影响的最重要背景，本章将对杭州这一时期的城市建设管理机构及其所颁法规进行分析。

第 6 章通过对杭州与近代主流城市上海、南京及同为边缘城市的宁波近代城市建设管理制度的比较，进一步厘清杭州近代城市建设管理制度发展的特点。

第 7 章阐述近代后期杭州的城市建设情形，即在城市建设管理法规的控制下，城市规划及城市建设、建筑活动的发展。

第 8 章对本研究进行总结及展望。

2

研究综述和相关理论基础

2.1 相关概念界定

2.1.1 现代化

"现代化"的英文是 moodernize，意为"使其更现代"（to make modern）。20 世纪 20 年代，胡适、柳克述等学者在五四以后的东西文化观的争论中已开始提出"现代化"[①]概念。1933 年 7 月，《申报月刊》为纪念创刊一周年发行特刊"中国现代化问题号"，引发了关于中国现代化发展的大讨论。"现代化"作为一个新的社会科学词语出现在中国报刊中。[②]

罗荣渠对现代化的定义是："现代化作为一个世界性的历史过程，是指人类社会从工业革命以来所经历的一场急剧变革，这一变革以工业为推动力，导致传统的农业社会向现代化工业社会的全球性大转变过程，它使工业主义

---

① 柳克述在1927年出版的《新土耳其》一书中，将"现代化"与"西方化"并提。参见：柳克述：《新土耳其》，商务印书馆1927年版，第337页。胡适在为英文《中国基督教年鉴》撰写文章《中国今日的文化冲突》中使用了"whole hearted modernization"（一心一意的现代化）。参见：胡适：《四十自述》，海南出版社1997年版，第389页。

② 参考《申报月刊》1933年第2期，第173页。

渗透到经济、政治、文化、思想各个领域，引起深刻的相应变化。"英国、美国、法国等国家早在16、17世纪就开始现代化起步，其现代化的最初启动因素源自社会内部，是其自身历史的绵延，这些国家的现代化属于"早发内生型现代化"。德国、俄国、日本及一些发展中国家的现代化大多迟至19世纪才开始起步，最初的诱发和刺激因素主要源于外部世界的生存挑战和现代化的示范效应，这些国家的现代化属于"后发外生型现代化"（许纪霖等，1995）。

中国社会的现代化进程也属后发外生型现代化进程，中国是在帝国主义列强入侵的特定社会条件下被动地开始现代化进程的，因此这一进程时时体现出强烈的传统与现代性的冲突。罗荣渠（1993）认为："就传统与现代性的冲突而论，在西方现代化进程中，这一冲突是缓慢展开的，是在同质文化圈中进行的，变革对历史传承性（continuity）的破坏是长期渐进性的。在非西方现代化进程中，这一冲突是压缩在较短时间内的，是突发性的，而且是异质文化的激烈撞击，到处都引起历史传承性的断裂。"

"现代化作为一个世界历史进程，反映了人类社会从传统农业社会向现代工业社会所经历的巨变"（罗荣渠，2008）。从这个意义上讲，中国城市在鸦片战争以后甚至更早，就已经开始了现代化的探索。但由于近代以来中国城市才普遍进入现代化进程，因此学界也将这个过程称为"近代化"。笔者依据相关理论进行梳理后，认为"现代化"的概念更为准确和契合本书的研究，因此本书中一律采用"现代化"的提法。

2.1.2　城市建设管理制度

孙倩（2006）在《上海近代城市建设管理制度及其对公共空间的影响》一文中曾对"城市建设管理制度"下过定义，指出"城市建设管理制度是在城市发展整体制度框架下（如政治经济制度）形成的针对城市土地使用、空间资源利用、建筑工程管理、市政公用设施建设的具有综合性特点的制度安排"。刘国光（1991）也曾指出，城市建设管理制度是"城市建设、规划和管理的制度、形式和机构的总称。城市建设、规划和管理，是为塑造或改善城市环境面貌和城市功能而进行的一项政府职能，或一种社会活动，或一门专门技术，或者是这三者的融合"。总结孙倩、刘国光等人的定义，城市建设管理制度在笔者看来可以拆解为两个主要的部分来理解，其一是"机构"，其二是"法规"。"机构"与"法规"共同构成了"制度"的主体，其中"机构"是"制度"在体制上的一种载体，而"法规"则是"制度"在内容上的一种保障。因此本书所论述的城市建设管理制度包括城市建设管理机构及由城市建设管理机构所制定、颁发的各类城市建设、建筑及营造业与技师管理法规，其中城市建设法规主要指城市规划法规与市政法规，本书所涉及的城市规划法规主要是土地法规。

2.2 相关研究综述

2.2.1 杭州城市研究

2.2.1.1 经济及社会变迁研究

历史地理学教授谭其骧是杭州城市史研究的鼻祖，他在 20 世纪三四十年代就已经开始研究杭州的城市发展史，其《杭州都市发展之经过》虽仅为一篇演讲稿，"但其高屋建瓴之势，足以让它成为以后杭州史研究的纲领性论文"（陈志坚，2010）。新中国成立前谭其骧曾在《东南日报》与《民众》月刊上发表《杭州城市的沿革发展》一文。魏篙山的《杭州城市的兴起及城区的发展》发表于《历史地理》创刊号上，介绍了杭州城区的演变和发展，这篇文章在杭州研究史上具有很高的地位。周峰所著《民国时期杭州》（1997）是迄今为止较为全面介绍民国时期杭州社会经济变迁的论著，对民国时期杭州近代工业、手工业、商业、对外贸易、金融业、交通业、邮政、水电业、娱乐业等进行总结，对于研究杭州民国时期社会经济总体背景具有一定的参考意义，其关于杭州公路、铁路、水电业、公共汽车等内容的论述，运用了大量的一手资料，较为难得。钟毓龙所著《说杭州》（1983）从杭州自然地理、城市人文等方面对杭州进行"述说"，有助于了解杭州近代的经济社会变迁。王士伦、赵振汉的《杭州史话》（1979），郑云山、龚延明、林正秋的《杭州与西湖史话》

（1980）均以反映历史的片段展开论述，其中对近代杭州与西湖的发展、旗营变迁等内容的记录对本书具有一定的借鉴意义。李杭育所著《老杭州》（2000）对19世纪末至20世纪50年代的杭州进行了论述。此外，作为风景旅游城市，人文学者编写了大量关于杭州与西湖的风景旅游图书，杨雨蕾编的《杭州》（2005）在杭州的历史变迁一节中阐述了杭州城的历史变迁，论述较为翔实。

更多的研究围绕现代化或者现代化的某一方面展开，这其中历史专业学者的成果较多。如杭州师范大学毛燕武的硕士学位论文《杭州城市近代化及其发展有限性研究（1896—1937）》（2004）认为杭州的开埠、沪杭铁路的修筑和钱塘江大桥的兴建是杭州近代城市形态演变的三大界标，指出"近代化"的主体部分是城市基础设施建设和公用事业的发展，包括城市外围交通运输网的形成、近代市政工程的建设及通信、水电事业的发展，同时指出其现代化的程度较低。浙江大学汤洪庆的博士学位论文《杭州城市早期现代化研究（1896—1927）》（2009），作者从政治体制、经济、文化、市政等四个方面展开分析，认为杭州经济现代化的最显著特征是繁荣的商业的推动，近代杭州的市政设施现代化反映了城市基本面貌的变化，对本书研究有一定的启发。此外，人文学者从各个角度阐释了杭州的现代化进程。郑生勇的《清代、民国时期杭州人口发展探略》（2003）研究了清代、民国时期杭州人口的发展规律。徐木兴的《从杭州地区看市政的近代嬗变》阐述了杭州近代传统市场逐步向近代市场嬗变的过程。王月昀、邵雍的《辛亥革命后杭州的社会变迁》（2011）分析了辛亥革命后杭州的社会变化，有助于了解当时杭州的现代化程度。叶艳灵的硕士学位论文《民国时期杭州公共卫生事业研究》（2012）梳理了民国时期杭州公共卫生的发展状况，总结其对城市现代化的影响。李婧的硕士学位论文《民国时期杭州公共交通研究：以公共汽车为中心》（2012）从城市公共交通的角度研究近代杭州城市的变化。浙江大学胡发群的硕士学位论文《近代杭州教会学校研究》（2008）则系统地叙述了杭州教会学校从产生、发展到终结的历程，鉴于之江大学等一批教会学校对于近代杭州建筑史的影响，该论文对本研究也具有一定的参考意义。

2.2.1.2　西湖研究

历代人文学者对近代西湖的记载众多，以介绍西湖历史及风景为内容的著作比比皆是，本书不一一列举，仅以部分较具代表性的著作为例说明。1929 年出版的《游西湖的向导》对西湖的沿革、西湖风景及杭州衣食住行等基本情况进行了介绍。1935 年，商务印书馆编纂出版《西湖游览指南》，以文字的形式介绍了西湖周边的景点及旅游指南。

当代关于西湖的著作主要有王国平主编的《西湖丛书》（2004），对西湖进行了多角度的特写，收录了大量围绕西湖展开的历史资料。在 1949 年之前，有一些西方人曾拍摄过杭州和西湖的照片，沈弘所著《西湖百象——美国传教士甘博民国初年拍摄的杭州老照片》（2010）收录了北京基督教青年会干事西德尼·甘博（Sidney Gamble）所拍的杭州和西湖的照片，书中有大量珍贵的照片，反映了 1917—1919 年杭州与西湖的面貌，尤其是西湖周边历史建筑的老照片，有助于本书分析当时西湖周边的历史建筑。由浙江文艺出版社出版的《西湖》（2010）中第三卷西湖旧影中也记录了民国期间的杭州西湖。

2.2.1.3　城市规划及城市建设、建筑史研究

张燕镭的硕士学位论文《杭州近代城市规划历史研究（1897—1949）》（2007）是为数不多的专门研究杭州近代城市规划史的论文，对杭州近代城市规划的历史分期、杭州近代城市规划布局的变迁等问题进行了论述。论文提出，1927 年杭州进入了建设风景旅游城市时期，论文对该时期的杭州市区设计、分区计划、交通计划等进行了详细的分析，具有较高的参考价值。城市建设方面，樊良树的《近代杭州的城市价值彰显及西湖建设困境——以沪杭铁路为观察视角》（2013）从西湖与近代杭州发展的关系、沪杭铁路对联系上海与杭州并带动杭州发展的作用这一角度展开研究，虽是从人文视角进行的研究，但切入点较为独特，部分内容及观点值得借鉴。王昕的《城市空间变迁与社会文化关系初探——以近代杭州发展为例》以近代时期杭州城市空间形态变化为例，探讨促使城市空间发生变革的内在动力，初步揭示城市空间形态变迁与社会文化发展之间的关系。

对市政建设的研究，如浙江大学金向华的硕士学位论文《1911—1937 年

杭州市政建设研究》（2006），提出了杭州近代市政建设起步于辛亥革命以后，在建市后得到了进一步发展，但杭州难以有效改变城市机能走上现代化的快速发展道路与城市工业整体水平不高及上海的制约作用有关的观点。其单篇论文《民国时期杭州市政建设研究——以1911—1937年为时段的考察》（2007）总结了杭州光复和建市后市政建设及其成效并指出其局限性。赵国正的硕士学位论文《民国时期杭州公用事业研究——以杭州自来水厂为例》（2008）论述了杭州自来水厂的筹建、管理及特点，指出了公共事业与城市发展两者之间的相互作用促进了城市的"近代化"（即现代化）。刘菲的硕士学位论文《"城市公园"：新型社会公共空间的构建及其意义——以民国杭州湖滨公园为例》（2013）以公园这一西方近代城市要素作为切入点，论述近代转型期杭州城市公园的建设，具有一定的参照价值。杭州文化丛书中马时雍主编的《杭州的街巷里弄（上、下）》、陈建一主编的《杭州街巷》（2005），张汝民、樊峥、孟桂芳编著的《回望长庆：杭州市下城区长庆街道》（2005）记载了杭州街巷的历史变迁，有助于本文对街巷的历史进行研究考证。

对杭州近代建筑的研究，如方忆在1998年中国近代建筑史国际研讨会发表的会议论文《杭州近代建筑概述》，简要概述了杭州近代建筑的类型并介绍了具有代表性的近代建筑。浙江大学章臻颖的硕士学位论文《杭州近代建筑史及其建筑风格初解》（2007）通过对杭州现存近代建筑的调查研究，探究其发展轨迹及自身特色，同时分析上海、天津、汉口等主流城市对杭州近代建筑发展的影响，总结杭州近代建筑的类型，即"中西合璧""西中合璧"及"洋脸面"等。其论文《杭州近代建筑"折中主义"建筑类型解析》则详细解析了"折中主义"建筑在杭州的发展概况及相关特点，有助于本书更系统全面地分析杭州近代建筑发展的历史。丁玉芳的硕士学位论文《近代杭州的新式建筑研究》（2012）梳理了近代杭州新式建筑产生的社会历史背景，在分析近代杭州经济发展与新式建筑之间的关系的同时列举了新式建筑的类型，是人文专业学者对建筑史的研究。刘梦笔、马军山的《西湖近代别墅发展的历史与研究》（2012）对西湖周边别墅进行了归类和研究，具有一定的参考价值。除上述研究外，人文学者曾撰写了一批关于杭州近代建筑与街巷的科普性读物。仲向平著的《杭州老字号系列丛书·建筑篇》在对杭州"老房子"进行全面系统的调研后选取其中近百处具有代表性的经典建筑加以整理，内容翔实。杭州市政协文史资料委员会编的《杭州名人名居（上、下）》（2006）由杭州出版社出版，介绍了83座名人名居的调查研究成果，从历史和人文的角度对历史建筑进行研究。由王国平主编的《杭州运河遗韵》（2006）也包含了杭州近代一些历史建筑的记载，如通益公纱厂、司徒雷登故居等。马时雍主编的《杭州的古建筑》按宅邸民居、古宗教建筑、商业及会馆建筑、祠堂牌坊、书院等类别介绍杭州古建筑。马时雍主编的《杭州的寺院教堂》（2004），介绍了天主教、基督教在杭州的发展，并对主要教堂进行了介绍。张学勤、王大士著的《杭州北山街的名居古迹》（2004）介绍了不少西湖周边名人故居当年的"故事"，其中包含不少珍贵史料。

单体建筑方面，方忆发表于2002年中国近代建筑史国际研讨会的会议论文《对"Atrium"或"中庭"概念的解读——关于杭州近代商业建筑中"中庭"空间形态的探讨》分析了近代杭州商业建筑中的"中庭"元素，分析其与西方近现代"中庭"理念的关系。其在2008年中国近代建筑史国际研讨会发表的会议论文《杭州中山公园近代亭子之初步考察》以亭子这一建筑形式作为研究对象，分析近代杭州的亭子在功能、形制等方面的特点。蔡萌的《杭州基督教思澄堂建筑探考》（2006）对杭州基督教思澄堂的历史、建筑风格等进行研究。李丛笑、张永青的《浙江大学之江校区近代建筑及环境的分析与感悟》（2010）着重分析研究近代之江大学的规划和典型建筑实例。浙江大学张吉的硕士学位论文《之江大学旧址建筑年谱》对之江大学各建筑的建筑风格、建筑技术、相关应用技术及建筑人物进行系统梳理、论证。此外，范侃侃的《原杭州关税务司署建筑考证》（2012）、仲向平的《原浙江兴业银行杭州分行大楼考证》（2004）等，均是针对个别近代历史建筑的研究。

综上所述，对于近代杭州，各种学者、专家都从社会学、历史学领域及城市规划、建筑学领域展开了多视角的研究。社会学、历史学领域较为系统地总结了其社会经济变化的过程。在城市建设及建筑研究方面，一些专家对近代杭州的市政建设、建筑活动进行了研究，虽涉及部分城市规划、城市建设管理机构及其制度内容，但并未形成系统的整理和专项研究，对杭州近代建筑的研究也多停留在对其风格及特征进行概况性论述的层面上，并未深究建设管理制度对其形成的影响和作用。

2.2.2 中国近代城市现代化及建筑现代转型研究

施坚雅主编的《中华帝国晚期的城市》开创了城市研究的新方向，"用计量研究法、城市比较研究法、中心地理论凸显城市史研究的社会性和经济性，突破了传统的中国城市史的定性描述手法"（任放，2004）。我国"七五"规划把上海、重庆、武汉、天津等近代城市研究列入国家重点课题，此后城市研究发展较快，学者们对近代城市史领域进行了多角度研究。隗瀛涛主编的《中国近代不同类型城市综合研究》（1998）从城市历史属性和城市功能结构两大标准来划分城市类型，将中国近代城市发展的类型分为四类，即传统城市、开埠通商城市、近代工业城市、以新式交通为特征的城市，各类城市经历了不同的发展历程。该书将杭州定位为"传统工商业城市"，分析其手工业结构、市场结构与商业经济发展对市民结构、民众意识及城市文化的影响，并进而引发城市功能的"近代化"萌芽。与此同时，杭州也具有商埠城市的特点。武汉理工大学李百浩教授于 2000 年主持国家社会科学基金项目"中国近代城市规划史（1840—1949）"，提出了断代历史比较法及近代整体论的研究思路，先后指导了一批硕、博士学位论文，包括研究杭州的硕士学位论文《杭州近代城市规划历史研究（1897—1949）》。

以中国建筑现代转型为主题的研究近年来受到业界的关注，李海清所著《中国建筑现代转型》（2004）研究的切入点是建筑技术、建筑业管理体制及建筑理念，为本研究提供了一定的研究思路。赖德霖所著的《中国近代建筑史研究》（2007）论述了中国近代建筑制度的形成、中国近代建筑人才和教育、中国近代建筑价值观等内容，涉及中国建筑现代转型的诸多重要问题和个案，对了解和研究中国建筑史、建筑史学史、城市史等都具有一定的参考价值，提供了本书研究的大背景。钱海平的博士学位论文《以〈中国建筑〉与〈建筑月刊〉为资料源的中国建筑现代化进程研究》，以 1927—1937 年代表中国建筑

界主流声音的期刊《中国建筑》与《建筑月刊》为资料，研究这一时期"中国
建筑在从业群体、建筑观念及相关制度等方面的发展状况与特征"（钱海平，
2011），其关于中国近代工程资料的分析，如现代施工章程、投标章程等内容
为本题研究杭州的现代工程建设程序提供了一定的参照。

综上所述，国内外学者关于中国近代城市现代化及建筑现代转型的相关
研究，理清了中国近代城市及建筑发展的总体脉络，为本研究提供了大背景，
也促使笔者思考杭州近代城市建设与建筑发展的特点及其在中国近代史上的
地位。如根据隗瀛涛的研究，近代杭州定位为传统城市，笔者认为，1927年
以前的杭州确为传统城市，但1927年以后的杭州仅以传统城市来界定已不能
全面反映城市发展的特点。因此，在前辈们的研究基础上，本书将进一步研
究杭州的城市建设及建筑活动现代化进程的相关特点。

参考文献：

[1]陈志坚. 杭州初史论稿 [M]. 杭州：杭州出版社，2010：前言8.

[2]刘国光. 中外城市知识辞典 [M]. 北京：中国城市出版社，1991：143.

[3]罗荣渠. 从西化到现代化（上册）[M]. 合肥：黄山书社，2008：1.

[4]罗荣渠. 现代化新论：世界与中国的现代化进程 [M]. 北京：北京大学出
版社，1993.

[5]毛燕武. 杭州城市近代化及其发展有限性研究（1896—1937）[D]. 杭州：
杭州师范大学，2004.

[6]钱海平. 以《中国建筑》与《建筑月刊》为资料源的中国建筑现代化进
程研究 [D]. 杭州：浙江大学，2011.

[7]任放. 施坚雅模式与中国近代史研究 [J]. 近代史研究，2004（7）：101.

[8]孙倩. 上海近代城市建设管理制度及其对公共空间的影响 [D]. 上海：同
济大学，2006：3.

[9]许纪霖，陈达凯. 中国现代化史（第1卷）[M]. 上海：上海三联书店，
1995：2.

3

近代前期杭州城市建设管理制度的萌芽

3.1　近代前期杭州城市与建筑发展的推动因素

杭州位于浙江省东北部，紧临杭州湾，由于靠近通商口岸上海及宁波，因此早在开埠以前就受到对外贸易及西方教会传教的影响，从而出现了一些中西融合的近代建筑。传教士的建筑活动主要以建造房屋（如教堂、教会学校、住宅等）为主，并不涉及城市市政建设层面的内容，因此并未从根本上改变杭州作为一个传统城市固有的特征，杭州仍为中国传统城市格局，但新建筑的出现已经在古老的城市种下现代化的种子。1896 年杭州开埠后，通商场和日租界的开辟、对外贸易的发展开启了城市的现代化进程，中方和日方开始了零星的现代市政建设和市政管理。1908 年沪杭铁路修通，带动了杭州火车站（现杭州城站）周边的发展，进一步打开了城市现代化建设的局面。辛亥革命以后，浙江军政府成立，开杭州现代城市建设管理之始。拆除旧旗营、建立新市场的举动更是打开了城市建设的新篇章，加速了杭州近代城市建设的现代化进程。

3.1.1 开埠与贸易——近代杭州城市与建筑发展的起点

甲午中日战争以后，1895 年，清政府被迫签订了中日《马关条约》，其中第六款规定：开辟沙市、重庆、苏州、杭州为通商口岸，"以便日本臣民往来侨寓，从事商业工艺制作。所有添设口岸均照向开通商海口或向开内地镇市章程一体办理；应得优例及利益等，亦当一律享受"（王铁崖，1957）。依据该条例，日本方面坚持将杭州等处按照上海外国租界的先例，划出日本专管租界，而中国方面坚持按照宁波江北岸先例设立外国通商场，即外人居留地，其管辖权仍归中国。双方进行了反复交涉，日方要求在涌金门外西湖旁开辟租界遭到中方反对，之后中方将武林门北郊、拱宸桥以外的一片土地划作日人居留和贸易之地。浙江巡抚一面以日人居留和贸易之地"丈尺四至尚未议定"为由，反对日本商人立即来杭，同时在武林门北郊、拱宸桥以外的一片土地上自辟马路、修筑海关、设立巡捕房，力图建成通商场，不让日人抢先。清朝总理衙门也以"浙江系照宁波章程，一省之中不能两歧"为由拒绝日本驻华公使有关在杭州等地设立日本租界的要求（赵世培等，2005）。双方相持至 1896 年才互相让步，中方否认划定区域为租界，日方否认划定区域为通商场，因此采用具有居留地和租界含义的英文单词"塞德耳门"（settlement）为名称，该年 9 月 26 日，杭州正式开埠。

1896 年 9 月 27 日，日本驻杭州领事小田切万寿之助（Masunosuke Odagiri）与浙江按察使兼督办杭州洋务总局聂缉椝在杭州签订《杭州塞德耳门原议日本租界章程》，共 14 款，章程规定所有巡捕房事宜由中国地方官会同税务司管理，日本驻杭领事对该地部分行政事务也有一些管理权，区内所有桥梁、沟渠、码头、道路等市政设施由中国地方官自办，土地由地方官向地主收买后照章租给日本商民，即中方仍享有主权。依据该章程，划定区域北部为日本租界，南半部为公共通商场。杭州通商场面积共计一千八百九亩二分六毫（约 120.6 hm），内划分七十四段。段内计一千三百九十六亩一分三厘六毫（约 93.1 hm），道路计四百六亩三分（约 27.1hm），河畔余地计六亩七分七厘（约 0.4 hm）（王铁崖，1957）。日本政府对章程不满，因此并未批

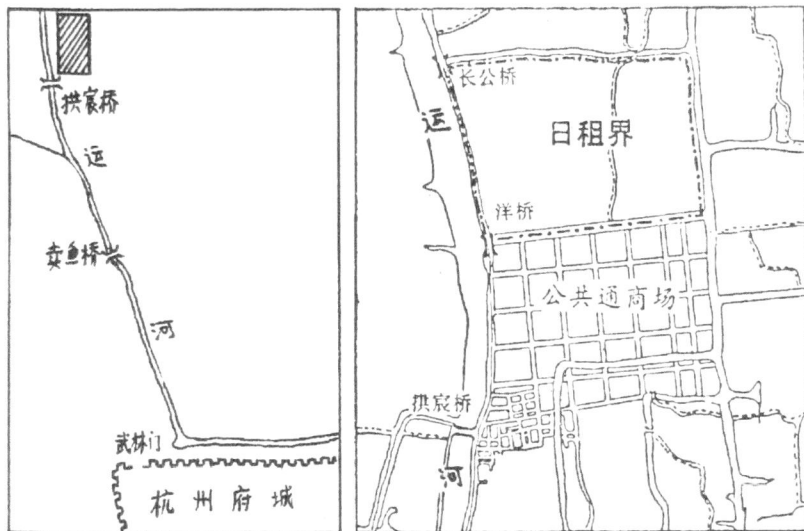

图 3-1　杭州日租界和公共通商场示意

资料来源:赵世培、郑云山:《浙江通史·清代卷(中)》,浙江人民出版社 2005 年版,第 241 页。

准(赵世培等,2005)。1896 年 10 月 19 日,总理衙门官员与日本公使在北京签订《公立文凭》,规定:"添设通商口岸,专为日本商民妥定租界,其管理道路以及稽查地面之权,专属该国领事。"(王铁崖,1957)至此,杭州正式设立日租界,原来定义为"塞德耳门",即介于"居留地"与"租界"之间的模糊概念正式转变为"租界"概念。1897 年 5 月 13 日,杭嘉湖道王祖光与日本驻杭领事小田切签订《杭州日本租界续议章程》,将原定的"日本塞德耳门"改为"日本专管租界",南接各国通商场,西以运河东岸为界,北以长公桥河岸为界,东以陆家务河西岸为界,面积约 900 亩。日本获取了租界内的行政权、市政权及司法权。此时通商场依然存在,地界北接日租界,南至拱宸桥一带,西面紧临大运河,东面濒临陆家务河,面积约为 900 亩(见图 3-1)。"日租界"与"通商场"的面积为 1:1。关于日租界和公共通商场的位置,杭州关十年报告(1896—1901 年)记载,"日本获取北部为其租界,另一部分靠近城市划为其他条约国为外国租界"(中华人民共和国杭州海关,2002)。事实上只有英国在杭州设了领事，其他国家的事务都委托英国领事代管。公共通商场的管辖权归地方当局，但日本人不断违章扩张势力范围，其最终被日本人吞食。

可见，日本自始至终都致力于在杭州划定专管租界，一开始划定的区域称为"塞德耳门"，是一个介于"居留地"和"租界"之间的概念，但很快日本人就将这个模糊的概念转变为真正意义上的专管租界。中日双方初期划定租界的同时，还划出了面积相等的一片公共通商场，租界一开始屈居于公共通商场北面，但很快日本人就将公共通商场也一并吞食。

租界开辟后，日本人开始在租界内开展零星的现代市政建设，中国政府也在公共通商场内开始局部的现代市政管理与建设。以此为开端，杭州从一个传统的封建城市开始向现代城市转型，这是杭州城市发展的一个重要转折点。虽然租界内的现代市政建设仅在局部落实，但这为日后城市的长足发展建立了起点。

开埠后，对外贸易较快增长，1896 年，杭州关进出口贸易总值为 23 万海关两，1897 年为 781 万海关两，到 1900 年已经达到 952 万海关两（赵世培等，2005）。进入 20 世纪，杭州关贸易净值从 1902 年的 1431 万海关两增加到 1909 年的 2405 万海关两（陈梅龙等，2004），是 1896 年的 104 倍多。此后到 1922 年，贸易货值稳定在 1700 万~2200 万两，1922—1927 年，贸易额保持在 2500 万两，1926 年更是达到了 3000 万两（周峰，1992）（见图 3-2）。丝绸和茶叶是杭州的主要出口产品，海关报告（1902—1911 年）指出"杭州已在蚕丝贸易上实现了总体繁荣"，"这段时期茶叶的耕种面积在杭州附近已有很大增加"（陈梅龙等，2003），显示出贸易发展的良好态势。

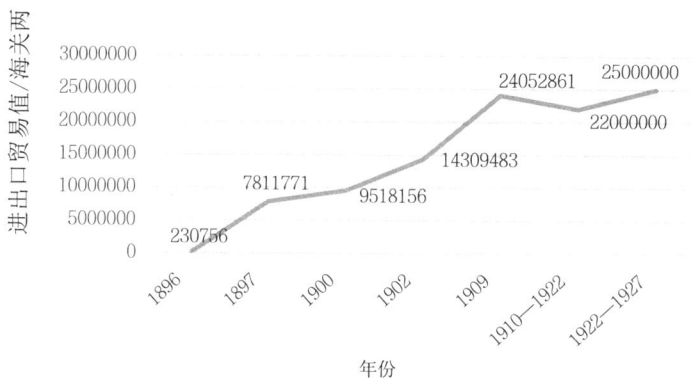

图 3-2 杭州开埠后历年进出口贸易值变化

资料来源：笔者根据相关史料整理绘制。

对外贸易的发展，促进了传统商业向现代商业转型，与上海的密切联系使杭州逐渐融入了以上海为中心的对外贸易圈，许多产品通过上海对外出口，不少上海的大商行都在杭州设有分店，新兴的百货业、五金业、服装业、医药业及饮食业、照相业、娱乐业均发展起来。到 20 世纪 20 年代，杭州商业繁盛居于全省之冠（周峰，1992），在社会经济中占据很大比重。随着新式商业的发展，商业建筑也开始发展，新的建筑类型出现。新式商业建筑如照相馆、影院、百货商店等纷纷建造起来。这些建筑多为西式造法，新的建筑材料、新的建筑技术、新的建筑风格开始运用于商业建筑营造。

贸易、商业的繁荣也促进了传统手工业的变革，促进了民族资本主义工业的发展。不少传统手工业开始变革，实现了较大规模的生产。传统手工业开始向机器生产过渡，以丝绸业为例，1912 年创办的纬成丝织厂，使用从日本输入的新式丝织机进行缫丝织绸。在 1912 年，杭州的丝绸手织机仅有 28台，到 1920 年已经增加到 1060 台（彭泽益，1962），约是 1912 年的 38 倍。这一时期，丝织、皮革、火柴、电力、碾米、针织、肥皂、五金机器等各业均有所发展，不少近代工厂建造起来。丝织业中有虎林绸厂（1912 年）、庆成绸厂（1912 年）、天章丝织厂等，到 1920 年，杭州已有绸厂 51 家（刘飞武，2012）。皮革厂有候潮门外沈德顺、皮市巷叶茂盛、清泰门外通益公等。可见贸易、商业的发展促进了近代手工业、工业的发展，工业的发展则促进了近代工业建筑的产生与发展。新的工业建筑如厂房等与中国传统建筑在建造体系上有本质的不同，工业建筑需满足现代工业生产的功能，是区别于传统住宅、官署衙门的新建筑空间。中国古代没有工业厂房，因此工业建筑作为新的建筑类型，是城市现代化进程的产物。

总而言之，开埠后西方资本的注入及新的技术、理念的传入，推动了杭州城市的发展：对外贸易的发展促进了近代工商业的繁荣，促使传统商业向现代商业转型，民族资本主义工业开始起步，商业建筑、工业建筑等新的建筑类型开始出现和发展，新材料、新技术、新的建筑风格开始出现。随着工商业的繁荣，大量产业人口开始聚集，带动了城市基础设施、居住及配套设施的建设，推动了城市建设的现代化进程。因此，开埠和对外贸易的发展成为近代杭州城市与建筑发展的起点。

3.1.2　铁路——近代杭州城市与建筑发展的支撑条件

近代交通地理变迁带动下的城市发展是中国近代城市早期现代化进程的重要内容，现代交通方式的出现极大地促进了城市发展的现代化进程。近代杭州的铁路建设时间较早，连接杭州和上海的沪杭铁路是中国近代第一条最长的商办铁路。

1897 年，杭州湖墅至江干的铁路修筑提上日程，当时所定路线为北起拱宸桥海关，往城西南下，经古荡、东山弄、太子湾、四眼井，至钱塘江边的龙浦止，共计 41 里（汪林茂，2005）。同时宁绍铁路也经批准准备修筑。然而 1898 年清政府被迫与英国签订《苏杭甬铁路借款草约》，规定由英商承办苏杭甬铁路①，因此原定计划无法实施。直至 1903 年，绅商李厚祐等呈请铁路总公司设杭州铁路公司，获得批准，成为收回铁路自办的开端。1905 年，汤寿潜等集股自办浙江铁路，得到清政府批准，继而清廷向英方交涉将铁路收回自办。汤寿潜等拟定《商办浙江全省铁路有限公司暂定章程》，指明要修筑

---

① 苏杭甬铁路即沪杭甬铁路。

江干至湖墅段、湖墅至上海段、江干至宁波段等铁路。浙路公司仿照西方人铁路管理体制，设立文书、建筑、营业、会计、庶务等五局作为业务管理部门（汪林茂，2005）。苏杭甬铁路改名为沪杭甬铁路，经与江苏铁路公司商定，两省以枫泾为界，浙江铁路公司负责修筑枫泾以南路段。1906年开始修筑杭城江墅段，1907年8月建成通车，1908年5月，杭州至临平段竣工，到1909年4月全线建成通车，自杭州到枫泾162公里（汪林茂，2005）。沪杭甬铁路曹娥江至宁波段1910年开始动工兴建，长约78公里，1914年竣工，同年沪杭甬铁路收归国有。

铁路的修筑改变了杭州的交通格局，杭州地处杭州湾，位于京杭大运河的终端，但没有沿海沿江港口，没有上海、宁波所具有的直接港口优势，但是铁路的开通有力促进了杭州与沿海港口城市的联系，促进了物资的输送和客流的往来。沪杭甬铁路开通3年后（1910年）客运量便达到3万余人，当时有人记录了1910年秋的行车次数："每日沪杭间客运列车3对，定期货车1对，杭嘉间客货混合区间车1对，江墅间客货混合列车4对。"[1] 到1917年，沪杭甬铁路的乘客增加到450万人次[2]，7年间，客流量增加了约150倍。铁轨拉近了上海与杭州两个城市的距离，交通时间较水路出行大大缩短，从原来的3天变为3个半小时，带动了杭城与上海的交流，大批上海中产阶级游客的到来，为杭州城市功能向旅游型城市转变奠定了基础。自沪杭甬铁路通车后，杭州的旅游业得到迅速发展，商业也日益繁盛。与旅游业密切相关的旅馆、饮食、娱乐、照相等业也随之兴盛起来。1912年，杭州旅店为15家，1912—1927年新增加76家；饭店原为15家，新增109家；菜馆原有3家，新增38家；面店原为19家，新增99家；照相馆新开15家（金普森等，2005）。其次，铁路开通便利了城乡之间的联系，大批产业工人从农村走向城市，为城市各项事业的发展提供了充足的劳动力。此外，杭州在开埠后成为通商口岸城市，进出口贸易增长较快，呈现出工商业的繁荣。铁路的开通改变了货运通道仅能大量依靠水运的状

---

① 转引自：全国政协文史资料委员会：《文史资料存稿选编：经济》，中国文史出版社2002年版，第758页。

② 转引自：《20世纪上海文史资料文库》，上海书店出版社1999年版，第429页。

况，铁路运输成为新的有力的货物吞吐手段，使对外贸易在原有基础上更加兴盛起来，促进了城市经济的发展。海关贸易报告指出，杭州和上海间铁路的开通，为口岸注入了新的生机（陈梅龙等，2004）。同时，随着铁路开通形成了新的经济功能，火车站周边一度形成闹市，从清泰门外的车站到后期的城站火车站，都因旅客的集中而形成了新的市场。因此，从一定意义上说，铁路的开通促进了近代杭州新的商业中心形成，导致城市规模扩大，从而在一定程度上推动了杭州城市建设的现代化进程。

3.1.3　军政府新政——近代杭州城市与建筑发展的促进因素

辛亥革命推翻了清王朝的统治，民国成立。1911 年 11 月 5 日，浙江军政府成立，浙江省的发展进入了新时期。浙江军政府是按三权分立原则、依照民主程序建立起来的资产阶级民主共和政权（金普森等，2005）。辛亥革命后的 16 年（1911—1927 年），浙江资本主义经济得到了迅速发展，被誉为"黄金时期"（金普森等，2005）。在此期间，出现了"江浙财团""宁波帮"等资本集团，杭州资本主义经济进一步发展，传统商业及手工业逐步转型，民族工业开始壮大，有效推动了社会经济的发展。

1912 年 1 月，《浙江军政府临时约法》颁布，这是浙江第一部资产阶级性质的约法，法规确立了浙江实行资产阶级政治制度，有助于资本主义生产力的解放与发展。浙江军政府采取了一系列政策措施，发展社会经济，振兴实业，重视工商业的发展，新的杭州总商会、劝业会、农事试验场、织业试验场、商品陈列所等实业团体和场所逐步建立起来。为推动实业，各种工业学校、农业学校、商业学校、职业学校、习艺所等纷纷设立，有效推动了资本主义工商业的发展。

在相关政策的推动下，杭州的民族资本主义工业发展较为迅速，以丝织业、纺织业为主，在 1914—1926 年，浙江新建 15 家缫丝厂，杭州有 4 家；新建 30 家丝织厂，杭州占 13 家（金普森等，2005）。除此之外，杭州棉纺织业、针织业、造纸业、碾米业、制革业、五金机械工业、电力工业均有不同程度的发展，不断将商业资本向工业资本转化，社会经济得到一定程度的提升。

在政府的管理下，浙江近代交通运输业得到发展，浙江省道局于 1923 年公布《浙江省修筑省道地方团体及商人承筑条例》，为商业资本筑路提供了条件，同时也加速了省内公路尤其是杭州公路的建设。杭余公路于 1922 年开始建造，1924 年正式通车。此外，余临省道、余武省道、瓶湖双省道、杭富省道、杭海省道均于 20 世纪 20 年代早期修建，总里程达 219.52 公里，有效改善了杭州周边的运输条件，有利于民族资本主义经济的发展（金普森等，2005）。除了陆路交通外，从 1912 年开始，浙江民族资本外海和内河航运业进入发展壮大时期，进一步改善了杭州与周边区域的交通联系。

总之，民国成立，带来了社会变革的有利条件，促进了产业调整与经济发展，推动了城市的现代化进程。在此背景下，政府也逐渐加强对城市建设的管理，开始设立现代城市建设管理机构，从规划工程事务所（1913 年）到警察厅下的工务处（1913 年），再到省会工程局（1915 年），现代城市建设管理机构不断发展和完善，有效促进了城市与建筑的发展。

3.1.4　新市场——近代杭州城市与建筑发展的中心

民国时期的杭州新市场规划和开发是杭州近代城市发展史上的重要事件，这一事件正式开启了近代杭州城市建设的新时期，自此之后，杭州城市建设的现代化进程加快，新市场也逐渐发展成为近代杭州城市的核心区。

新市场所在地为原来的旗营，位于杭州西部，西靠旧城，紧临西湖，为清军入关后所设。其范围"南自涌金闸而东，沿河越曲阜桥，跨清湖河军将桥。东包俞家园，折而北，截积善坊巷、东平巷、寿安坊巷、崔佳巷、铁线巷、里仁坊巷之西端，复折东 30 余步。又北截蝙蝠弄、睦亲坊、宝树巷。更北沿高地上，至结缚桥，折而西，跨河绕井字楼，直西至米仓弄风波桥，复西北沿浣纱溪西岸至小车桥。南折西抵钱塘门而止。环 9 里有奇"（周峰，1997）。旗营周边有城墙，以砖砌筑，高 1.9 丈（约 6.33 米），厚 1 丈（约 3.33 米）。城有五门，分别是南边的延龄门、东南的迎紫门、东北面的平海门、西北面的承乾门、东北的拱宸门。只有四门旗营原为清军的驻军营地防城，延龄门西为指挥中心"镇守将军署"，其余各城门设左、右副都统署，防城中建有兵营、马厩及武库，均为平房，以"旗"聚合。旗营建成后成为了杭州城内独立而封闭的"城中城"，也将杭城通往西湖的通道截断，并以"政治藩篱的分割强化了在濒湖一带开展市政建设的限制"（金向华，2006），大量居民被迁，原本人口稠密的濒湖一带成为封闭空间，人为阻隔了杭城向西拓展的空间（见图3-3）。

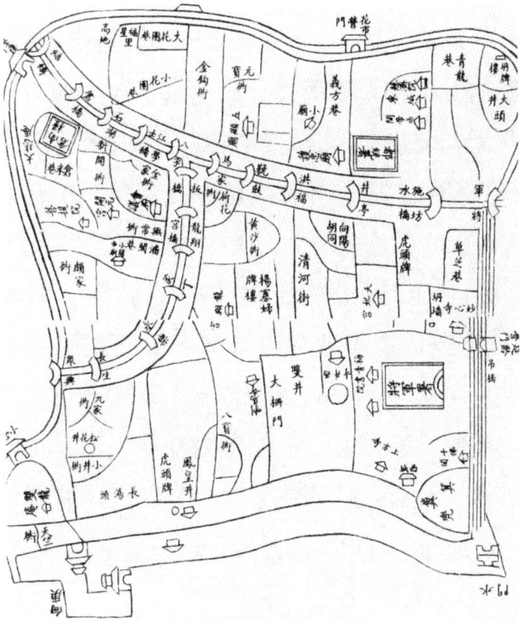

图3-3　旗营平面

资料来源：杭州市档案馆：《杭州古旧地图集》，浙江古籍出版社 2006 年版，第 46 页。

近代对旗营的规划始于 1912 年。民政司成立后，呈请军政府对旗营进行通盘规划，指出"旗营官地兵房废置甚多，若不通盘筹算规划，永久恐转以有用之地置之废弃之列，殊为可惜"，认为旗营内拨用官地的单位"拆卸改筑、任意更张，疏于将来旗营开放办法颇多窒碍，而于通盘规划上亦生无穷之故障"（《浙江军政府公报》，1912），因此民政司指出应让欲拨用旗营官署的各机关先陈明民政司，经认可后方准予拨借。1913 年，省民政司内设立规划工程事务所，决定开辟旗营为新市场。1914 年，新市场建设事宜划归杭县管理，不久又改为省会警察厅主办，厅内设工务处，专门管理新市场建设（任振泰，1999）。据《三句不离本杭》记载，新市场的建设是当时的民政长褚辅成（1873—1948）主持，他早年出洋留学接受西方教育，致力于在新市场打造一个新的城市商业中心。他拆除了旗营后，在菩提寺路建造了200间平房供原有旗人居住，对原有的旗营实行都市计划，开辟马路，且在沿湖规划建造6个公园，由南而北，每一个都不尽相同（阮毅成，2009）。新市场的地形勘测、马路规划及土地出售的实际工作则由阮性宜领导的规划处负责，阮性宜曾留学日本接受西方思潮影响，其在新市场设计中运用了西方城市规划的理念，比如"修筑笔直的大路"，建设现代城市风景中必不可少的因素——城市公园等。

建设新市场的费用主要来源于拍卖土地，1913年11月7日的《浙江日报》刊载了《投票旗营地亩者注意》一文，指出政府规定"除了马路和公共用地，其余土地予以出售，以建商业场"。市场内土地按照不同的商业价值分为四类，一类地每亩1500元，二类地每亩1000元，三类地每亩600元，四类地每亩300元（见图3-4）。出售土地所得经费主要用于市场内的道路建设。政府同时规定购买土地的投标商必须在一年内动工兴建，否则将提高地产税进行处罚。上述举措开土地有偿使用制度之始，以土地有偿使用来筹措城市建设的资金，政府有效推动了新市场的开发和建设。

图 3-4　浙江省会旧满营未标卖地

资料来源：阙维民：《杭州城池暨西湖历史图说》，浙江人民出版社2000年版，第181页。

　　事实上新市场的开发意义远不止建立一个新兴的近代城市商业中心。旗营的拆除首先打通了城市空间，促成了城市空间的整合。该举措将杭州从传统封闭的封建城市转变为开放的近代城市。"旗营"是一个封闭的城市区域，且位于杭州城区与西湖风景区之间，将杭州城与西湖隔离开来。新市场的开辟可分解为以下几个部分：（1）城墙的拆除。拆除旗营后，杭州的城墙和城门也相继拆除用于修建道路，1912 年 7 月 22 日，钱塘门至涌金门的城垣开始拆除（杭州市交通志编审委员会，2003），此后清波门、候潮门也相继拆除。（2）西湖入城。旗营拆除后西湖和城区联系起来，城市中心开始转移。李杭育指出"'光复'后的杭州抓住了城市创新的要点"，"将市区重心移向西湖，兴建一系列兴奋市民，乃至刺激出新意识的公共设施"，"拆旧建新，不仅使西湖与杭州重新合而为一，也让湖滨地段后来成为杭州的繁华闹市"（李杭育，2000）。杭州人称"西湖入城"，让杭州"大变情形"。（3）开辟公园。打开阻隔后，公园的建设成为新市场开发的重要部分，衔接商业功能与景观功能。沿着湖边开辟了 6 个公园，每个公园建造石头堤岸、停泊码头、栏杆，设座椅、立路灯、植花木，其中第 6 公园还设有茶座，便于人们游览西湖。（4）公共建筑的建造。褚辅成和他的同仁们不仅打造了杭州的商业中心，还将一批重要的公用设施建在新市场，浙江国货陈列馆"在现今南山路与湖滨路交汇处湖畔公园那里，还开辟了一个'公众运动场'和'民众教育馆'"（李杭育，2000），民众图书馆位于湖滨路南端，新市场被打造成杭州的"市民中心"。到 20 世纪 20 年代初，所有的标卖土地已经卖空，街道成全了沿街的商铺，新市场真正形成，延龄路南段逐渐取代河坊街成为杭城新的商业中心（李杭育，2000）。到 1926 年，新市场的地价比最初售价已经高出 8 至 9 倍，有的甚至在 10 倍以上（张燕镭，2007）。

　　从封建统治下的驻防营地到城市现代商业中心，新市场的开发在杭州近代城市建设史上具有重大意义。旗营本为传统封建城池的肌理，城墙环绕，城内建筑缺少统一的规划，由水系、街巷形成交错的网络，呈现自然生长的状态。开发后的新市场采用现代方格网式的道路结构，街区分为大小不等的长方形，南北长 120~160 米不等，东西则约为 80~100 米宽，相较以往，街区尺度放大,新市场地块的街区大小明显大于周边未开发区块。而新市场的方格网式的道路布局与杭州老城依据地形、自然边界形成的自由布局的道路形态形成了极大反差。方格网式的道路格局适应了现代城市交通、市政设施发展的需要。事实上民国时期所确定的新市场道路格局一直沿用至今,足以证明当时规划已具有一定的前瞻性。可见,新市场事实上成为近代杭州城市与建筑发展的中心。

3.2 近代杭州城市与建筑管理机构及制度的萌芽

3.2.1 机构的初设——中国人现代城市建设管理机构的出现

开埠之初,中国政府参照上海租界和宁波外人居留地的方法,在通商场设立了负责市政建设和管理的"工程局"及"专为保卫中外良民,驱除奸暴,保全地方安静"的"巡捕房"[①],准备在通商场内修筑马路以通马车、东洋车,建筑中西各式房屋,以繁荣市面(汪林茂,2005)。"巡捕房""工程局"设立的目的是开展现代城市管理和建设,在当时具有一定的进步意义。至1903年,省会巡警总局成立,制定《警律》,明确了省会巡警总局开始承担城市市政管理的职能。

民国成立后,省民政司为开辟旗营新市场于1913年专门设立了"规划工程事务所",不久又于警察厅下设立"工务处"负责新市场的开辟,此后工务处发展成为"省会工程局"[②]。1915年2月17日,《浙江省会工程局编制权限章程》规定省会工程局为"省会各项土木工程直接营造机关,直隶于巡按使",办理省城警察厅辖区内的工程。在组织机构上,工程局分为工务股及事务股两股,工务股掌管建筑修葺计划及测量绘图、材料采办、监察工作等事项,事务股掌管文书印信、统计会计等庶务事项。[③] 省会工程局合并了原杭县旧马路工程处

① 转引自:汪林茂:《浙江通史·清代卷(下)》,浙江人民出版社2005年版,第436-437页。
② 《杭州市志》(第四卷)记载杭州近代建设管理机构始于1913年成立的工务处,1925年才发展成为省会工程局,但从《浙江公报》相关记载看来,1915年已经有了省会工程局。
③ 《浙江公报》1915年第1075期。

及西湖工程局，于1915年3月1日正式成立，局址设于旧马路工程处①。

省会工程局成立后，开始对各项工程进行管理。工程开始之前均须经巡按使核定，如工程距离较远则需在工作地点设置临时工程处对工程进行管理，辖区内单独进行的土木营造工程必要时需派局员驻外管理。

省会工程局初设时为独立机构，但成立后不久便裁并入省会警察厅办理。1916年6月17日，《浙江公报》刊载《都督吕批省会工程局呈请将该局裁并省会警察办理由》，指出裁并的理由是"以资撙节"。至此，省会工程局裁并为"省会警察厅工务处"。

1925年，省会警察厅工务处又扩立为浙江省省会工程局。该年的1月9日，《浙江省会工程局章程》公布，指出浙江省省会工程局直隶于省长公署，负责办理省会道路、桥梁、沟渠、水道及其他公共建筑等一切土木工程事宜，其组织包括监督、会办、坐办、第一至第四科、技术队、工程队、材料处、征收处及董事会。②

从开埠初期设于公共通商场内的"工程局"（1896年）到1925年扩设后的"省会工程局"（见图3-5），中国人设立的现代城市建设管理机构不断发展完善。（1）城市建设管理机构的管辖范围逐渐扩大。设于1896年的"工程局"仅对公共通商场进行管理，并不涉及城区的市政建设与管理，1913年成立的"规划工程事务所"也仅负责新市场的开发和建设，而1915年设立的"省会工程局"已经明确可"办理省城警察厅辖区内的工程"。可见，开埠初期，现代城市建设管理机构覆盖的范围极小，但随着机构的发展和完善，其管辖范围逐渐增大。（2）城市建设管理机构的职能及机构不断完善。"工程局"（1896年）为"修筑马路"、"建筑中西各式房屋"而设，并未形成机构分支，开发新

---

① 《浙江公报》1915年第1108期。

② 第一科负责庶务；第二科负责市区改正、各项工程计划、预算决算审核、市民建筑查勘、许可证及取缔事项；第三科掌管各项工程的监理指挥、各项工程的承包及投标、材料审核支配、各官署特别委托的工程计划等事项；第四科负责修浚水利、名胜古迹、公园祠墓的保管整理、种植花木等事项；技术队则掌管各项工程的测量勘估事项、各项工程的设计验收事项、公共建筑物标准方式的设定事项及图案的制备事项；工程队掌管一切工程实施事务及检查包工事项；材料处掌管各项材料、工程器械的配置及收发保管、修理事项；征收处掌管征收各种款项事项。董事会成员需由具有工程学识经验及声望卓著者担任。参见：《浙江省长公署公布第五号　浙江省会工程局章程及十四年度支出预算案》，《浙江公报》1925年。

市场而设的"规划工程事务所"（1913年）已有"规划处"的分支。[①] 至1915年的"省会工程局"已开始于局下设股，明确"工务股"对工程计划、绘图、建筑等事宜的掌管。1925年的"省会工程局"于局下设4"科"，并附设技术队、工程队、材料处、征收处等组织机构，分工更细。道路、桥梁、沟渠、水道及其他公共建筑等一切土木工程事宜为其管辖范围，相比较此前的各城市建设管理机构而言，职能更为清晰和完善，明确了作为现代城市建设管理机构对城市市政建设与建筑活动的管理，具有一定的先进性。

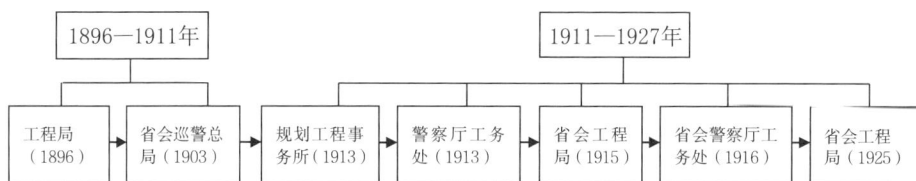

图3-5　近代前期杭州城市建设管理机构演变

资料来源：笔者整理。

3.2.2　制度的初创——中国人对西方现代城市建设管理制度的仿效

3.2.2.1　晚清时期的城市建设管理制度

晚清时期，中国人不仅学习西方人成立了现代城市建设管理机构，也逐渐开始制定现代城市建设管理法规以实现对城市建设与建筑活动的管理。浙江巡警道于1909年颁布了《建筑取缔规则》，开始施行建筑许可证制度，这是有记载的第一个杭州近代建筑管理法规。该规则的出现，说明城市建设管理机构已经具有建筑管理法规的制定权（即"立法权"），建筑许可证制度的实行则表明城市建设管理机构已经开始行使"审批权"。在建筑法规制定并施行的同时，城市市政管理法规也开始出现。1910年，警务公所制定了详细的《管理道路规则》，对街道施行规范化的管理。同年，《杭城以内街巷建筑让地章程》颁布，对临街房屋的建造和街道宽度做出规定。[②] 海关报告指出，商店已

[①]　前文已经提及阮性宜领导的规划受收规划工程事务所管辖。

[②]　汪林茂：《浙江通史·清代卷（下）》，浙江人民出版社2005年版，第438页。

经不能像过去一样侵占路面，建造新建筑物时，房屋主人必须在房前预留空地以备拓宽街道（陈梅龙等，2003）。这表明此时城市建设管理机构已开始对街道的宽度及城市界面进行控制。

可见，晚清时期已经出现了初步的城市建设管理法规，开始对城市建筑活动及市政建设进行初步管理。

3.2.2.2　民国时期的城市建设管理制度

进入民国以后，杭州的城市建设管理法规有了一定程度的发展，特别是在 1915 年《浙江省会警察厅取缔建筑规则》颁布之后，建筑管理法规更为完善，除建筑审批制度外，招投标制度开始施行，工程监督、验收程序逐渐正规化。事实上 1925 年省会工程局还曾制定《浙江省会工程局取缔建筑暂行规则》12 条，限于史料，笔者未能获得该资料原文。因此下文建筑管理法规内容主要就 1915 年规则进行阐述。除建筑管理法规逐步发展外，城市市政管理法规也有所拓展，开始加强对城市水岸线的控制与管理，进一步完善了管理法规的内容。

（1）1915 年以前城市建设管理制度尚不完善

从晚清时期直至民国初年，虽然现代城市建设管理制度已经出现，但规定相对简单，对城市市政建设与建筑活动的管理比较粗略。以建筑审批制度为例，从当时的政府批文可以看出已有相关的审批程序，如公用建筑的建造需要列具详细的计划，1913 年 4 月 10 日的《浙江公报》刊载了《浙江都督兼署民政长朱咨教育部送浙江公立法政、医学专门学校呈报立案事项清册、平面图》的信息，可以看出当时浙江公立法政、医学专门学校的建造都曾经历计划呈报环节。文中讲到"公立、私立学校呈报教育总长认可时"须开具目的、名称、位置、学则、学生定额、地基房屋之所有者及其平面图、经费及维持方法、开校年月等事项，同时医学专门学校还须开具病院的平面图及病人的数量等信息，地基房屋平面图需要附面积、地质及附件状况及饮用水的分析表等[①]，说明当时政府对公共建筑的建造已经开始进行审批和监督，建筑图纸

---

① 　《浙江公报》1913年第412期，"文牍"第7页。

已经成为项目立案的必要文件。但同时也可以看出，当时所审查的工程设计资料并不全面，如图纸仅要求平面图，并未对立面图、剖面图作要求，图纸审查并不完备。

（2）1915年以后城市建设管理制度有所发展

①建筑管理制度的发展

首先，《浙江省会警察厅取缔建筑规则》（1915）的颁布，明确了建筑许可证领取的相关内容，同时对建筑后退街道距离、建筑防火、建筑安全等方面的内容进行规定（见表3-1）。关于建筑许可证领取，规则第2条指出除"因房屋系临时坍塌须立时修筑"的情况外，房屋主管者均须于开工前十日向主管警察署禀报房屋的信息并绘具详图，需详细说明业主的相关信息（姓名、年龄、籍贯、职业、住址）、建筑所在地、建筑占地、建筑面积、建筑形式等。警察署查勘后认为与规则相符则省会警察厅填发建筑许可证。规则同时指出未经警察厅核准发给许可证者不得擅自开工，已获得许可证的如"有碍交通及卫生或有其他危险之虞者"警察署可令其改筑，说明当局对建筑许可的管理已经比较严格。法规还指出"建筑之主管者得许可证后该管警察仍应随时临场监视……"表明城市建设管理机构的职能已经包含"监造权"。至此，城市建设管理机构所承担的建筑活动管理"三大权力"已经初具雏形。对于建筑后退街道的距离，规则规定"临街房屋无论新建、改造或添筑"均需按照规则让足距离，街道分为四等，一等街道建筑需后退二丈（约6.67米），二等街道留足一丈六尺（5.33米），三等街道留足一丈二尺（4米），四等街道留足八尺（2.67米）。由于当时道路建设尚处于起步阶段，因此上述距离并非一成不变，"俟马路普及再行酌改"。建筑防火规定部分指出"无论何项房屋之新建或改造或添筑，凡与他屋隔离分界处均应用砖墙不得以竹木为之，以防火患"[1]，可见此时还并未有"防火墙"的名称，也并未对墙体厚度、高度做出规定，甚至"确因贫苦无力筑墙"的在经警察厅核准后可"以不引火之物涂壁"。建筑安全方面，规则对警察日常建筑安全事件管理作出说明，如有火灾隐患的烟筒、欲

---

[1] 《浙江公报》1915年第1312期，"批牍"第8页。

倾倒的房屋、有坠落危险的房屋轩楹、于道路和公共场所或私有场地外设建筑物及突出物等均应予以处理。

表3-1　《浙江省会警察厅取缔建筑规则》法条内容一览

法条	法条类别	内容摘要
第1条	总述	1.法规制定目的；2.法规适用范围
第2条至第6条	建筑许可制度	1.申请许可的建筑类型与范围；2.申请所提供材料；3.许可证颁发机关规定；4.工程审查
第7条	建筑退让	分四等退让
第8条	建筑防火	墙体材料规定
第9条	建筑取缔范围	1.有火灾隐患；2.房屋墙壁有倾覆情况；3.轩楹等有坠落危险；4.侵占公场或违章建筑；5.建材的存放要求
第10条、第11条	惩戒及附则	惩戒规定及法规颁布的官方说明

注：表格根据《浙江公报》1915年资料进行整理。

《浙江省会警察厅取缔建筑规则》发布后，政府对建筑的审批管理有了明确依据，清晰规定了审批的程序，对提交审核的内容规定更全面，不仅应详细说明业主的相关信息，对建筑所在地、建筑占地、建筑面积、建筑形式等信息也应一应报备，较之前的规定更为详细。1916年5月8日的《浙江公报》刊载了《都督屈批医药专门学校详情拨旧校场官地建筑校舍由》，讲到"该旧校场官地北段官地三十亩既称僻处湖滨，建筑校舍最属相宜，应准拨给"，"仰即绘具图说、注明坐落方向四自、亩分送府并备核准"，可见建筑项目的审批程序确已形成。

其次，招投标制度开始实施。1916年，新市场二等马路学士路、板桥路、孝女路、长生路、东坡路、慈幼路、白傅路等曾进行施工招标，"按照原估加以修筑"，"招匠投标，委员监视限期完工"[1]。建筑工程方面，1917年，浙江省立甲种农业学校校舍建筑工程曾进行施工招标，"陈施公记为最低"因而得标[2]。

最后，工程监督程序及验收程序开始出现。新市场二等道路的修筑过程由监工员进行监督，工程完工后，由监工员章奏请派员复勘，接着由"工务主任徐安真查丈"，确定"各路逐段勘验作品与规定章程符合，工程亦尚坚实"，

---

① 《浙江公报》1916年第34期。

② 《浙江公报》1917年第1842期。

并会同监工员及承包工头三面丈量实计道路长度、工料费，造具相关文件详报，"仰祈爵使核派员验收，以昭慎重。"[1]1916年2月9日，浙江巡按使公署发布第369号令，饬委林大同验收新市场的二等马路工程，"随带估计图表前往该处勘验丈量工料是否坚实，据实详复"[2]。林大同于省会工程局总办处取阅承揽章程后，与监工及测地工人一同勘视所有新筑马路，"八道皆复加丈量"，查验结果"与所报尺数均相符合，各路工程尚称坚实，大小窑井砌筑合法，尺寸与图表相同，委无偷减及草率情事"[3]，只有孝女路由于车辙、人迹往来频繁，路面损坏。林大同嘱咐监工及包头重新修理路面，并按照合同从严处罚，待工程完竣后再详细查核验收。可见工程需进行多次勘验，监督及验收过程比较严格。

②市政管理制度的发展

这一时期，杭州城市市政管理制度也有所发展，工程局开始逐步加强水岸线管理，防止建筑侵占。1916年，浙江巡按使公署曾发布第743号令，饬省警厅、杭县饬查西湖壶春楼侵占湖岸一事。因壶春楼业主"于界址外私钉松桩，填积泥土，跨出湖面甚广"，因此水利委员会技正同浙江巡按使公署技正、西湖工程委员等请求派员查勘禁止以"维水利而杜觊觎"，保护西湖名胜[4]。1921年，浙江省长公署发布第58号训令，令各道尹转令各属县布告嗣后人民在滨河地亩建筑应先行报勘。因"各属河道有关水利"，时有"据控侵占河道填筑两旁涨滩或朦准官产处报买情事"，于水利有碍，应"先事防范申禁以杜影射而免纷争"，规定嗣后凡在滨河地亩从事建筑应"一律报县勘明并无侵占河道、妨碍水利情事方准兴工，不得率行自由填筑[5]。

综上所述，晚清时期，杭州已出现现代城市建设管理法规，对建筑活动及市政建设进行初步管理，具体体现在建筑审批制度已经开始实施，建筑后退、道路宽度等规定已经出现，但初期的城市建设管理制度并不完善。民国

---

① 《浙江公报》1916年第3期。
② 《浙江公报》1916年第34期。
③ 《浙江公报》1916年第54期。
④ 《浙江公报》1916年第62期。
⑤ 《浙江公报》1916年第3192期。

成立后直至 1915 年，城市建设管理机构对城市市政建设与建筑活动的管理仍比较粗略。这种状况在 1915 年《浙江省会警察厅取缔建筑规则》颁布之后有所改变，法规落实了建筑审批程序、建筑后退、建筑防火及安全方面的要求，对建筑活动的管理更为全面。此后，建筑招投标制度、工程监督及验收程序开始出现，现代建筑管理程序初步形成，保证了建筑活动的有序进行。在城市市政方面，这一时期城市建设管理机构加强了对水岸线的管理，完善了相关的管理法规。总体而言，在近代前期，杭州已经出现现代城市建设管理法规并开始完善，城市建设与建筑活动的现代化管理初具雏形。

3.3　本章小结

　　杭州于 1896 年开埠，由于起始的时间接近 1900 年，那时中国人对西方城市建设理念及制度的学习已达半个世纪，其时的上海、广州、武汉等近代主流城市早已在西方文化的熏陶下浸淫多年，因此中国人对这种现代化的城市建设已不陌生。从该意义上讲，杭州属于"后发"城市。其现代化建设一开始就是西方人和中国人同步进行的，中国人始终与西方人进行抗争和分庭抗礼（居留地与租界之争），同时经过长时间文化熏陶的中国人已经意识到城市现代化建设的重要性，因此中国人在一开始就主动加入杭州的现代城市建设与建筑活动中来，成为杭州近代城市建设现代化进程起始的主体。与此同时，杭州的对外贸易未能如上海一般繁盛起来，这导致西方人并未在杭州投入更多的精力；相反，在通商场与日租界之外，中国人主动开展了各类建设，沪杭甬铁路的修筑、新市场的开发均是中国人主动对杭州进行现代化建设的有力例证。

　　在城市建设管理制度上，杭州的城市建设管理机构始终由中国人掌控，从最早通商场的"工程局"（1896 年）到开发新市场而设的"规划工程事务所"（1913 年），再到以后的"省会工程局"，均是中国官方机构。杭州开埠初期的城市建设管机构管理范围较小，如"工程局"（1896 年）仅负责"通商场"的城市建设，"规划工程事务所"（1913 年）仅负责新市场的开发和建设，但

1915 年以后的"省会工程局"管辖范围已经覆盖整个杭州市，实现了统一管理。杭州近代前期第一个城市建设管理机构出现于 1896 年，但其机构发展和完善主要在 20 世纪，1915 年的"省会工程局"才是相对完善的城市建设管理机构，因此其机构发展的关键期在 20 世纪第一个 10 年。在法规层面上，杭州虽于晚清时期已出现现代城市建设管理法规，对建筑活动及市政建设进行初步管理，但初期的城市建设管理制度并不完善，直至 1915 年《浙江省会警察厅取缔建筑规则》颁布之后，建筑招投标制度、工程监督及验收程序才逐步发展，初步形成现代建筑管理程序，并加强了城市市政管理法规。因此，20世纪第一个 10 年为杭州近代前期城市建设管理法规发展的关键期。

总体而言，在中国近代城市的现代化进程中，杭州属于后发城市，虽然开埠时间为 19 世纪末，但直至民国才真正把城市建设作为重要的内容发展起来，从而制定了一系列的法规，中国人成为主导，开启了中国人主动学习、运用西方现代城市建设管理制度建设杭州的进程。

参考文献：

[1]陈梅龙，景消波.近代浙江对外贸易及社会变迁：宁波、温州、杭州海关贸易报告译编 [M].宁波：宁波出版社，2003.

[2]杭州市交通志编审委员会.杭州市交通志 [M].北京：中华书局，2003：22.

[3]金普森，等.浙江通史.民国卷（上）[M].杭州：浙江人民出版社，2005：114.

[4]金向华.1911—1937 年杭州市政建设研究 [D].杭州：浙江大学，2006：13.

[5]李杭育.老杭州湖山人间 [M].南京：江苏美术出版社，2000.

[6]刘飞武.民国时期浙江对外贸易概况及其影响 [D].杭州：杭州师范大学，2012：31.

[7]彭泽益.中国近代手工业史资料（第 2 卷）[M].北京：中华书局，1962：640.

[8]任振泰 . 杭州市志（第四卷）[M]. 北京：中华书局，1999：169.

[9]阮毅成 . 三句不离本杭 [M]. 杭州：杭州出版社，2009：18.

[10]汪林茂 . 浙江通史 . 清代卷（下）[M]. 杭州：浙江人民出版社，2005.

[11]王铁崖 . 中外旧约章汇编（第一卷）[M]. 北京：生活·读书·新知三联书店，1957.

[12]张燕镭 . 杭州近代城市规划历史研究（1897—1949）[D]. 武汉：武汉理工大学，2007：35.

[13]赵世培，郑云山 . 浙江通史·清代卷（中）[M]. 杭州：浙江人民出版社，2005：238-239.

[14]中华人民共和国杭州海关 . 近代浙江通商口岸经济社会概况——浙海关瓯海关杭州关贸易报告集成 [M]. 杭州：浙江人民出版社，2002：658.

[15]周峰 . 民国时期杭州 [M]. 杭州：浙江人民出版社，1992.

[16]周峰 . 元明清名城杭州 [M]. 杭州：浙江人民出版社，1997：72.

4

近代前期杭州城市建设的初步发展
（1896—1927 年）

4.1 现代城市市政的起步

开埠后的杭州首先在通商场和日租界内开始了零星的市政建设，民国成立后新市场的开发则开启了城市较大范围的市政建设活动。在城市建设管理机构的统一管理下，修建了不少城市及周边道路，促进了城市公共交通的发展。同时，城市公共设施如电力、电信等事业也有所发展，修建了城市公园等市民休闲场所，现代城市市政开始起步。本章仅以道路工程及城市公共交通为例进行论述。

4.1.1 道路工程

近代杭州城市现代市政建设开始于晚清，开埠后中国人在公共通商场、西方人在日租界开展了局部的道路建设。进入民国以后，伴随着新市场的开发，杭州城区的道路建设进入新的时期。至 1927 年，新市场、城站周边、环城马路及杭州周边公路均得到一定程度的发展。

4.1.1.1 晚清时期的道路建设

杭州开埠及日租界设立的过程中，中国人在公共通商场、西方人在租界内均展开了局部的市政建设。早在中日双方商议租界设立问题时，杭州巡抚就在通商场一带自辟马路、修筑海关，《杭州海关报告（1896—1901年）》记载"由于日本要求对所分土地拥有完全司法权和管理权，因而中国当局拒为修建滨河大道和道路"，然而"在外国租界（这里指"公共通商场"）的工程进展极为快速，500名士兵每天派来填平洼地、修整道路"，"租界（公共通商场）迅速出现繁忙景象。几百名劳工在洋人工程师督工下忙于修筑道路，毗邻或穿流租界的河流上架起桥梁"（中华人民共和国杭州海关，2002）。海关报告还指出租界内（公共通商场）"中国政府必须付给原地主修筑道路、滨河大道、排水系统和桥梁"（中华人民共和国杭州海关，2002）的费用，可见中国官方在公共通商场进行了一些市政建设。中国政府主要修筑的道路是沿运河的一条大马路（赵世培等，2005），这是中国人自己在杭州进行现代城市市政建设的开始。日本人在日租界内也修筑马路，在拱宸桥下左面修筑里马路，里马路左转修筑了二马路，还在拱宸桥桥面中间铺筑了2.7米宽的混凝土斜面，使汽车和人力车得以通行（杭州市地方志编纂委员会，1999），可见，开埠后中国人在公共通商场、西方人在日租界内均开展了局部市政建设，这是近代杭州开展现代城市市政建设之始。

1907年，沪杭甬铁路设车站于清泰门内，铁路贯城而入，因此拆去了清泰门城垣数十丈，这是杭州拆除老城墙的开端。1908年，浙江铁路公司开会决议修筑自西湖至拱宸桥的马路。[1]1909年，杭州城站建成，商民集资修筑了一条长300多米的弹石路，即在公共通商场及日租界之外的老城区也开始了现代城市市政建设。

---

① 转引自：汪林茂：《浙江通史·清代卷（下）》，浙江人民出版社2005年版，第437页。

4.1.1.2 民国时期的道路建设

进入民国以后，杭州于 1912 年修筑了一条道路，即民政司修筑的羊市街接章家桥一段长 0.58 公里的弹石路（杭州市交通志编审委员会，2003），这是中国官方在城区筑路之始，但真正开启杭州现代城市及道路建设的是旗营的拆除及新市场的开发建设。新市场的规划第一步就是落实道路。工务处通过地形勘测，对杭州道路建设进行规划。"分划户地，规定路线，并将城基以外沿湖之地，建筑公园，至此始具市政之雏形。"（杭州市档案馆，1990）据《三句不离本杭》记载，当时的规划理念是"建立新商业中心，要像从空地上建立一般"、路要修得直，"笔直得像支箭"，街道规划呈棋盘式，马路互成直角（见图 4-1），运用了西方城市规划中的道路设计理念，体现出规划的先进性和前瞻性。新市场规划还对道路实行分级，划分为两等：一等道路为 4 条，共长 12564 尺（约 4020 米），路面宽度为 60 尺（19.2 米），两边人行道各宽 10 尺（3.2 米）；二等道路共有 23 条，共长 37157 尺（约 11890 米），路面宽 30 尺（9.6 米），两边人行道各宽 6 尺（1.92 米）。一等路包括迎紫路（今解放路的湖滨路至青年路段）、延龄路（今延安路的解放路至庆春路段）、湖滨路（今湖滨路的六公园至南山路的涌金门路段）、平海路。二等道路共 23 条[①]。道路分级思想也是西方现代城市规划理念的产物，满足了现代城市交通发展的需要。可见新市场的道路系统规划完全根植于西方现代城市规划理念，致力于打造满足现代城市发展需要的城市基础设施建设。新市场开发建设后，杭州近代城市道路建设进入了新的时期。

---

① 为兴武路(今开元路)、仁和路、花市路(今邮电路)、吴山路、泗水坊路(今国货路)、长生路、惠兴路、岳王路、钱塘路(今庆春路的众安桥至东坡路段)、学士路、将军路（今人民路的延安路至南山路段）、柳营路、慈幼路(今人民路的浣纱路至延安路段)、蕲王路、东坡路、孝女路、白傅路、东浣纱路(今浣纱路)、南浣纱路(今分属东坡路和龙翔路)、西浣纱路(今浣纱路)、北浣纱路(今分属东坡路、龙翔路)、板桥路、杭县路(今青年路)等。参见：任振泰：《杭州市志（第四卷）》，中华书局1999年版，第169页。

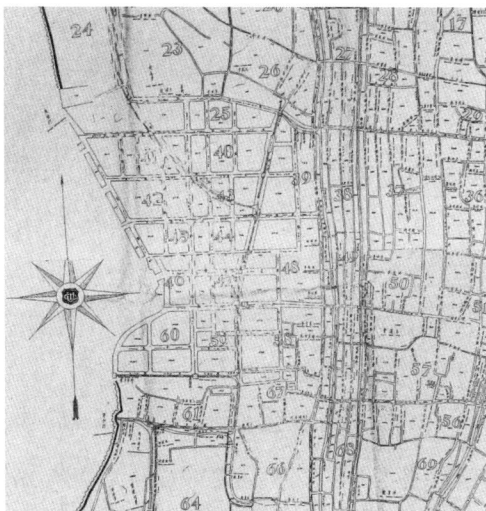

图 4-1　20 世纪 10 年代的杭州新市场地图

资料来源：杭州市档案馆：《杭州古旧地图集》，浙江古籍出版社 2006 年版，第 168 页。

其一，新市场马路陆续建成。1915 年 4 月，省行政公署批定新市场马路路名共计 27 条，即一等路 4 条、二等路 23 条，均为碎石路，批定时，各路已基本竣工（杭州市交通志编审委员会，2003）。到 1916 年，新市场的学士路、板桥路、孝女路、长生路、东坡路、慈幼路、白傅路等均已修筑完成。

其二，杭州城站附近的道路开始修筑。继新市场周边道路修筑之后，1917 年，浙江都督杨善德下令修筑杭州城站附近的道路，"有荐桥路（今清泰街的佑圣观路至中山中路段）、清泰路（今清泰街中段）、长明寺路、蒲场巷（今大学路）、城头巷、佑圣观路、福缘路（今福源巷）、馆驿后路、三桥路（今斗富三桥路）、二桥路（今斗富二桥路）、马弄路（今城头巷二桥至梅花碑西）、许衙路（今城站路）、板儿巷（今建国南路清泰街至姚园寺段）等 13 条，路面宽 20 尺（约 6.40 米），共长 17834 尺（约 5707 米）"（任振泰，1999）。上述道路在 1919 年基本相继修筑完成，连接新市场。《杭州关十年报告（1912—1921 年）》记载"本十年来杭州城里道路修筑方面建树颇多"，"把'荐桥街'两旁的房屋统统拆除，把街道放宽后从此将火车站建在'清泰门'。"（中华人民共和国杭州海关，2002）同时写到从火车站至西湖边可通汽车，来往相当方便，可见城站周边的道路修筑已取得一定成效。

其三，环城马路开始修筑。早在新市场马路建成的同时（1916 年），旗营新市场的后续规划中已将环城马路的修筑列入计划，当时由浙江巡按使拟定办法饬发省会工程局会同浙江巡按使、技正办理，由技正勘拟环湖马路线并绘图，调查环湖路基经过的公私各地亩并分别划留收用[1]。1920 年，浙江省议会议决修建杭州环城马路，包括圣塘路（现湖滨路六公园以北段）、白公路（现少年宫广场、白堤及孤山路）、岳坟路（现北山路）、灵隐路，总长共计 24383 尺（约 7791 米），这些路面宽 30 尺（约 9.6 米），两侧人行道各宽 5 尺（约 1.6 米）（任振泰，1999）。道路于 1922 年悉数建成，白堤、苏堤诸桥石级皆改为平路。1922 年，武林门至钱塘门的大马路兴工。环城马路的涌金门至净慈寺段（今南山路）于 1925 年建成，长 2460 米。

其四，杭城周边公路也陆续修筑。1920 年 12 月，省道筹备处成立，决定修建以杭县为起点的 6 条省道（浙闽正、副线，浙皖正、副线，浙赣线和浙苏线）（杭州市交通志编审委员会，2003）。真正修筑始于 1922 年，省道处采取利用商资、征收卷烟特税、借款筑路租营等办法，由省、商分别承筑，先修通至邻县道路（杭州市交通志编审委员会，2003）。1923 年 10 月，杭余公司承筑的杭州松木场至余杭山西弄省道和松木场至观音桥支线竣工，进入试行营业，其工程于 1924 年全部完成，是全省第一条商筑省道（杭州市交通志编审委员会，2003）。此后，余杭经临安至化龙路段、瓶窑至横湖和塘埠至双溪路段、余杭至武康上柏及潘坂至双溪路段、杭州清泰门至海宁胡家兜、乔司至塘栖进而构桔弄至七堡等路段、杭州至富阳及留下，经转塘至小和山、良户支线相继修建（杭州市交通志编审委员会，2003）。1925 年，省道局决定修筑以武林门为中心的拱三段公路，所有新建路段总长 9.23 千米，于 1925 年 4 月动工[2]。1925 年 7 月，余武公司、瓶湖双公司建成承筑道路。同年，杭海公司筑成艮山门至临平路段并通车，其杭海路（清泰门经笕桥、乔司至五显庙）和构桔弄至七堡支线于 1926 年 1 月建成，五显庙至胡家兜接通海宁一线

---

[1] 《浙江公报》1916年第20期。
[2] 杭州市政总公司市政编纂办公室：《杭州市市政志》，1994年。

在 1927 年 7 月建成营业（杭州市交通志编审委员会，2003）。1926 年，从净慈寺经九溪至富阳的公路建成通车，该路连接涌金门至净慈寺的城区道路。

综上所述，近代前期，杭州城区及周边道路建设卓有成效，《杭州市志》记载，"民国 10 年后，公路勃兴，汽车骤增。（民国）14 年后，将各旧式街道，逐步拓宽，改辟马路"（任振泰，1999）。1912 年至 1925 年，共修筑城市道路 45 条，总长 31.8 公里（杭州市交通志编审委员会，2003）。《杭州市市政志》统计了 1930 年 6 月时杭州市已成马路概况，其中工务局造 13680 公尺（米），省会工程局造 39789 公尺（米）①，也即 1927 年前修筑的道路约为 39 千米，几乎为 1927—1930 年修筑总长的 3 倍，这一数据从侧面表明了这一时段道路修筑所取得的成绩。新市场的规划和开发使杭州城区由传统封建城市肌理向现代城市格局转变，此后城市道路的快速建设反映出现代城市交通发展的需要。从数据可以看出，民国成立至南京国民政府成立之前杭城所修筑的道路长度远远超过南京国民政府成立后 1927—1930 年间所修筑道路的总长，从所修道路的位置看，主要位于新市场、城站周边即近代杭州城市的中心区域周边，可见这一时期的道路修筑已经基本完成近代杭州城市中心区域的路网体系架构，因此近代杭州的现代城市道路骨架已基本架构完成。当时的道路格局直至今天仍在延用，表明规划和建设亦较为先进。

4.1.2 城市公共交通

随着城市道路的修筑，杭州的城市公共交通有所发展，人力车出现且数量不断增长，城区开始出现公共汽车，公交路线开通，公共汽车业开始发展。

人力车自清末从日本传入杭州，并逐渐成为杭州城区最主要的交通工具。最早的人力车公司通利人力车有限公司在 1909 年成立，标志着杭州有了比轿子更先进的交通工具。1911 年，第二家人力车公司成立。1912 年，杭州有大通车行经营载客业务，有人力车 50 辆。初时车身高大粗笨，轮子为木轮外包铁皮，有损路面。1916 年后，人力车改用橡皮气轮，拉动轻便，所以逐年增

---

① 杭州市政总公司市政编纂办公室：《杭州市市政志》，1994年。

多。到 1920 年，人力车数量已经超过千辆，1927 年达到 2947 辆，从业人员近 4000 人，车行有云祥、永和、广大、联益、元祥等，人力车成为市内主要的交通工具（杭州市交通志编审委员会，2003）。

杭州最早的公共汽车路线也于这一时期开通，1922 年，"原上海英商电车公司职员潘宝泉与杭州大世界游艺场经理陆宝泉，分别组建'宝华汽车行'和'永华汽车行'"，"两公司的公共汽车在湖滨和灵隐之间行驶，单程长 7.4 公里，这是浙江省第一条公交线路"（任振泰，1999）。永华汽车公司初有小客车 7 辆，10 余座客车 1 辆，还兼营客车出租。1923 年，两公司合并为"永华汽车公司"。同时，由承筑省道的各家公司开设了商营长途汽车公司，1922 年，第一家商营长途汽车公司即杭余省道汽车股份有限公司在杭州成立，从上海购进客车 4 辆；接着，1925 年，余武公司、瓶湖双公司均通车营业，分别有客货车 15 辆、9 辆；杭富公司 1926 年有营运客车 22 辆；杭海公司在 1927 年共有大小客车 14 辆（杭州市交通志编审委员会，2003）。杭州首家市区货运汽车行——江墅运货汽车行于 1926 年开业（杭州市交通志编审委员会，2003）。停车场也在这一时期开始建设，1923 年初，永华汽车公司在洪春桥附近建成杭州第一座公交车停车场。

人力车、汽车等城市公共交通工具是现代城市的产物，现代新型城市道路的修筑为城市公共交通提供了可能，现代城市以交通的便捷和高效为基本出发点，中国传统城市自然生长的道路网络及城市肌理显然不能满足现代城市公共交通发展的需要。现代城市道路是承载现代城市交通的城市骨架，杭州近代城市公共交通正是在城市道路发展的基础上出现并不断完善的。

4.2 建筑活动的现代化起点

杭州开埠虽始于甲午战后（1896 年），但得益于其特殊的地理条件及政治、经济地位而早早就引起了西方传教士的注意。早在明代，西方传教士就已来杭传教（胡发群，2008）。清末，天主教及基督教各教派传教士来到杭州，建造教堂、医院和学校，西方传教士的这些早期活动因而也成为杭州建筑活动现代化进程的起点。1896 年开埠后，杭州划定了日租界和公共通商场，海关、领事馆等公共建筑陆续建造起来。对外贸易的发展加速了传统商业的现代转型，也促进了资本主义工业的发展，继而带动了商业建筑、工业建筑、居住建筑的发展。沪杭甬铁路的开通则促使杭州城站火车站成为杭州城市的区域中心，也带动了其周边各类建筑的建造。新市场的开发更是进一步带动了周边商业建筑、居住建筑的发展，新市场也成为杭州新的城市中心，进一步推动了杭州近代建筑的转型与发展。

4.2.1　新建筑类型的传入

4.2.1.1　随西方传教事业发展的教会建筑

基督教在杭州的传播起源较早，约 1284 年，基督教的远东支派景教就已传入杭州。1627 年，天主教传入杭州，杭州人杨廷筠在天水桥附近建造教堂、传教士住宅及修道院。1840 年以后，上海、宁波相继开埠，与两个口岸临近且为丝绸之府的杭州，自然是传教士积极活动的区域。1844 年中法《黄埔条约》签订以后，天主教（旧教）弛禁，西方宗教势力开始扩散到中国各地，传教士在杭州建起多座教堂、医院和学校。基督教（新教）在杭州的发展速度在第二次鸦片战争后加快，一度超过了天主教（旧教）。基督教（新教）"以上海、宁波为入口，渐次推进至杭州。纷纷开设医院和学校，举办'慈善公益'事业，购地建堂，开展布道活动"。[①] 因此，以教会传教运动为起点，杭州建成了一些教堂、教会学校、医院等，开启了杭州近代建筑的现代化进程。

杭州的教堂并不是近代才出现的，早在清顺治年间，意大利耶稣会的神甫卫匡国就在巡抚的赞助下建造了天主堂，地址位于现下城区中山北路 415 号（仲向平，2003）。现存教堂为 1864 年二次改建后形成（陈易，2002），坐西朝东，为三通廊巴西利卡式建筑，配以硬山屋顶（见图 4-2）。

---

① 　转引自：章臻颖：《杭州近代建筑史及其建筑风格初解》，浙江大学2007年硕士学位论文，第15页。

图 4-2　天主堂现状

资料来源：仲向平：《杭州老房子》，中国美术学院出版社 2003 年版，第 86 页。

天水堂也是杭州最早的天主教堂之一，1860 年美国南长老会第一批传教士来杭州传教，最初在杭州城隍山设立了一个据点，1874 年在天水桥旁的一块荒地上建起简陋的布道所，不久后拆除，又在原址重新建造了礼拜堂，且在礼拜堂后兴建了传教士住宅、男女书房和宿舍等，建筑用地逐渐扩展。1875 年，又在天水堂东侧设仁慈堂，内设施医局并办学校（章臻颖，2007）。杭州的基督教新教教堂主要有 1885 年始建的鼓楼堂、1890 年始建的皮市堂、1920 年建成的湖山堂等。

鼓楼堂原位于杭州吴山东南脚下的布衣巷 24 号，1931 年改建为"中国宫殿式"教堂。湖山堂由美国基督教南长老会传教士贝恩德捐款建造，临浣纱河而建，一座钟楼与主体建筑结合在一起，细部与装饰采用了西方教堂手法（见图 4-3）。基督教还在杭州成立了青年会，由 1910 年来到杭州的美国传教士乃德（Eugene Epperson Barnett）在 1914 年创办。浙江都督拨出旧旗营的一块面积超 13 亩的基地作为青年会会所及运动场基地（沈弘，2010）。杭州基督教青年会位于现在的青年路 27 号，建筑包括主楼及钟楼两个部分，于 1919年建成。从最初租用民房、建造简易的"布道所"到 20 世纪专门划地建造，杭州的教堂建筑规模不断增大，建造也日益考究。教堂为西方人来到中国后开始建造，以往中国城市没有该建筑类型，因此近代教堂在杭州的建造，表明西方教堂作为一种新的建筑类型已经在杭州出现。

图 4-3　湖山堂老照片

资料来源：朱金坤主编：《杭州老房子再编》，中国美术学院出版社 2007 年版，第 126 页。

教会医院中，最著名的当属杭州广济医院。清同治八年（1869），英国基督教安立甘教会派杜氏医生来杭，在大方伯租屋行医传教，两年后正式创办大方伯医院，即以后的广济医院（俗称大英医院），这是杭州新式医院之始（杨军，2009）。1881 年，英国安立甘教会改派梅藤更掌管医院，在其主持下，该院在大方伯破土动工，次年开诊。梅藤更于医院内还附设广济医学堂，为浙江有西医学校之始。广济医院逐渐扩充，陆续计有男女病院及医学院等 30 余个部门成立。据《三句不离本杭》记载，后来医院西面扩展至马市街，东至大方伯，南至方谷园。梅藤更买进了这个区域的很多民房，拆除之后，改建成西式建筑，并且开许多"太平门"（安全出口）以便出入。梅藤更还在广济医院的小营地区内圈地数十亩，建有几十幢房屋。图 4-4 为 1899 年前的广济医院，可以看出建筑均为西式，坡屋顶，檐下有线脚，开方窗，装饰较少。梅藤更还在西湖宝石山上保俶塔旁建造一所 5 开间洋房作为麻风病院，后因杭州士绅反对而将该建筑交给地方（阮毅成，2009）。建筑为坡屋顶，有拱券外廊，为典型的殖民地式外廊建筑（见图 4-5）。广济医院还设有松木场分院，到梅藤更 1926 年离杭之前，陆续建造起 10 幢房屋（朱金坤，2007），既有花园洋房，也有教堂，建筑均依山而建。与教堂建筑一样，杭州近代教会医院建筑也为新建筑类型，其建筑规模、形式风格都经历了不断发展的过程。早期的教会医院或利用旧屋或简单改造，尚未出现现代医院建筑意义上的复杂的功能分区、流线等内容，在建筑风格上也多采用普适性的殖民地外廊式建筑。随着医院规模的增加、功能要求的变化及西式建筑在中国的发展演变，建筑在规模、单体平面形式及建筑风格上均发生了转变，如 1926 年的广济医院大楼在平面和立面构图上均与早期殖民地外廊式建筑有了显著差别（见图 4-6）。

图 4-4　1899 年以前的广济医院

资料来源：杭州市档案馆：《近代杭州图集》，浙江摄影出版社 2005 年版，第 19 页。

图 4-5　麻风病院

资料来源：阮毅成：《三句不离本杭》，杭州出版社 2009 年版，第 93 页。

图 4-6　1926 年的广济医院大楼

资料来源：杭州市档案馆：《近代杭州图集》，浙江摄影出版社 2005 年版，第 20 页。

　　1867 年从宁波迁入的崇信义塾是杭州最早出现的教会学校。1897 年，育英义塾改名为育英书院；1911 年，该院全体师生迁入秦望山新校址，改名之江学堂，这是之江大学的前身。1899 年，美国浸礼会传教士在杭州东街路淳佑桥东堍购地亩建筑学校，名为培童院，1900 年定名为蕙兰中学堂（Waylan Academy）。1906 年，梅藤更设立医科学校广济医学堂和广济药学堂两所职业学校。到 1911 年，杭州已有教会学校 10 所，其中小学 5 所，中学 3 所，高等学堂 2 所（王蛟，1994）。1914 年，弘道女学的校长惠尔生女士在今浣纱路和学士路一带购地建造新校舍。同年，之江学堂升格为大学。到 1925 年，杭州近代教会学校已经形成了包括幼儿园、小学、中学到大学的完整体系。从近代前期杭州教会学校的发展来看，早期的校舍比较简单，多为传教士利用民宅或是购买有限的土地建造简单的西式风格建筑。随着传教事业的发展，学校用地逐步扩大，建筑规模开始增加，出现了类似之江大学这样具有一定规模的学校，采用西式建筑体系建造，建筑精美。

4.2.1.2 开埠后建造的公共建筑、居住建筑、商业建筑、工业建筑

杭州的开埠直接促进了新建筑类型的出现，其中海关、领事馆建筑即是其中的重要类型。中国近代的海关实际上均由西方人操控，杭州也不例外，杭州洋关成立后，西方人择地建海关大楼及警署，1897 年 8 月建成，位于现第二医院内，有税务司楼、海关办公大楼及海关人员住宅、码头验货厂等。这组建筑与早期西方人在中国其他地方所建的海关建筑并无显著差别，仍为

图 4-7 杭州海关税务司楼

资料来源：笔者自摄。

殖民地式外廊建筑：税务司楼为矩形平面，重檐歇山顶，正脊两端及戗脊外端略微起翘。墙体主要为青砖砌筑，立面上一、二两层均有拱券外廊，拱券及砖柱均为红色清水砖砌筑（见图 4-7）。海关办公大楼及海关人员住宅也同为矩形平面，坡屋顶，外墙为青砖、红砖相间砌筑，有拱券外廊。可见，开埠后西方人直接沿袭其一贯的方式在杭州建造海关建筑，海关建筑作为新的建筑类型传入杭州，西方人具有起始之功。

领事馆建筑中，日本领事馆建成于 1896 年 3 月，位于西湖北岸、宝石山东麓的石塔儿头，为两层砖木结构，红瓦坡顶，建筑平面不规则。入口设在东南转角，有门廊，门

廊上部为三角形山花，入口顶端女儿墙升高做成弧形山花（见图 4-8）。据杭州关十年报告（1896—1901）记载，英国也曾在杭州建成领事馆，报告中提到"英国领事馆的建筑很不错，建成于 1900 年，矗立在日本租界对面、运河的彼岸"（中华人民共和国杭州海关，2002）。英领事馆是否为殖民地外廊式建筑现已不可考，但作为西方人传入中国的新建筑类型，显然带有西方印记，与中国传统建筑形成了较大的反差。

图 4-8　杭州日本领事馆

日租界的开辟在一定程度上带动了市面和建筑的发展，原本位于大关以内的店家陆续迁到拱宸桥一带，日商和华商在新修的马路上开设了茶楼、戏院、药房等，原先在桥上棚屋中营业的小摊贩也迁移到马路两边营业。虽然这是日本人所采用的"六馆政策"①所引发的畸形繁荣，但在一个侧面上促进了城市建设及建筑活动的发展，此后杭州城北拱宸桥一带逐渐发展成为近代杭州一处城市商业副中心。

开埠及对外贸易的发展促进了民族工商业的发展，近代工业开始出现。在公共通商场及日租界一带出现了不少近代工厂，如世经缫丝厂于 1895 年建于拱宸桥附近，杭州棉纺厂始建于 1896 年，竣工于 1897 年，坐落于租界（公共通商场）的对面，运河的西岸（中华人民共和国杭州海关，2002）。1899 年，杭州著名士绅丁丙、庞元济等出资建造通益公纱厂，也位于拱宸桥一带，当

---

① 即鸦片烟馆、娼妓馆、茶馆、戏馆、菜馆、赌馆等六馆。

时有工人 1200 人。房屋建筑十分简洁，平面为长方形，厂房二层开连续长窗，从侧立面看，建筑屋顶呈锯齿形单元重复，形成屋顶的起伏韵律（见图4-9）。厂房虽十分简洁，却是杭州最早的现代意义上的工业建筑，是杭州以往几千年来从未出现过的建筑类型，是为适应现代机器生产所产生的新建筑功能和空间。工业建筑的出现，是建筑历史上的一次变革，其大空间对应着建筑结构技术的转变，对建筑的现代转型具有一定的积极意义。

图 4-9 通益公纱厂厂房现状

4.2.1.3 随着新的城市中心发展而建造的公共建筑、商业建筑

随着沪杭甬铁路的开通和新市场的开发，杭州逐渐形成了以城站火车站为中心的城市商业副中心和以新市场为中心的城市中心商业区，继而带动了城站及新市场周边建筑的发展。沪杭铁路开通后，杭州出现了现代交通类建筑——火车站。杭州火车站始建于 1906 年，当时名为"清泰门站"，是江墅铁路其中的一个车站，1907 年 8 月 23 日启用。但该站离杭州城区有一段距离，马一浮建议将车站迁移至城内。1909 年城内车站开始建造，1910 年建成使用，铁路穿城而过，车站又在城内，因此名为"城站"。车站两层站房共计建筑面积 4210.77 平方米，有票房及候车室各一个，旅客站台两座，其他站台三座

（仲向平，2004），布局宽敞。

沪杭铁路带来大量人流，形成了以城站为中心的商业网，与旅游业密切相关的旅馆、饮食、娱乐、照相等行业发展起来，不少新式建筑如城站大旅馆、清泰旅馆、荐桥洋行等陆续兴建起来。这一时期，传统商业正向现代商业转型，因此很多新的商业门类开始出现，如照相业、新式百货等，出现了新的商业建筑类型。如活佛照相馆开设在仁和路，是当年杭州最著名的照相馆，为西式门面。清泰第二旅馆也位于仁和路，占地面积2130平方米，建筑面积为3575平方米（仲向平，2003），主体为砖木结构，两层，共有三进院落，上下层皆有回廊。荐桥洋行位于清泰街荐桥桥东上珠宝巷巷口，始建于1865年，1917年重建，为三层西方古典主义建筑，成为当时的标志性建筑（见图4-10）。

图4-10　荐桥洋行

资料来源：仲向平：《杭州老房子续编》，中国美术学院出版社2004年版，第13页。

新式商业建筑不仅在商业门类上区别于传统商业建筑，其西式建筑技术和建筑风格也明显与传统商业建筑有差别。

随着新市场的规划和建设，商业逐渐繁荣，其周边迅速成为杭州新的商业中心。以迎紫路、延龄路（现解放路、延安路）为中心，"这一带有新新、蝶来、金城、西湖四大饭店，有湖滨、环湖等高级旅馆，有知味观、天香楼等菜馆，有'大世界'等戏院。延龄路上有新新百货店、张小泉剪刀店等大型商店，迎紫路上有陈源昌文具店、西湖美术馆、明湖池浴室、国货陈列馆等"（金普森等，2005）。沿湖滨路还建起了骑楼，据《三句不离本杭》记载，建造"湖滨路"时，因为测量错误致使沿路业主面积不足，因此特准建屋时加盖骑楼，因此湖滨路成了杭州唯一有骑楼的马路（阮毅成，2009）。从涌金门至钱塘门，沿湖还建起了公共体育场、民众教育馆。新市场周边的新式建筑中，不乏一些专业人员设计的精美建筑，如国货陈列馆、新新饭店等。国货陈列馆位于延龄路与迎紫路转角，于1918年开始兴建，设计者为曾赴日留学的中国工程师石麟，他曾于设计之前赴日考察，学习陈列馆建筑的布局及式样。陈列馆的国货商场设计为两层，共3排店铺，有120多间。国货商场后面为一排两层高的楼房，陈列着浙江土特产，同时有部分办公用房（阮毅成，2009）。工程费用以当时通用大洋计共37080元，其规模可见一斑。新新饭店的前身新新旅馆为董锡庚借用何宝林的私家宅院开办。1922年才正式建成现在的新新饭店，建筑为五层西式大楼，建筑细部精美，样式考究。至1927年南京国民政府成立前，新市场一带已颇具规模，据据《三句不离本杭》记载，"五四"以后直至北伐胜利，杭州市常有群众大会均在公众运动场举行，民众教育馆则常演出话剧，"遂成为男女青年常到之地"。可见，新市场由于汇集众多新式公共建筑、商业建筑，已经成为了杭城的新兴社区。"大世界"戏院、公共体育场、民众教育馆、商品陈列馆等在当时皆为全新的建筑类型，不仅在建筑风格与技术上与传统建筑形成巨大反差，同时也代表着新的生活方式的出现，所以新市场成了杭城最具吸引力的去处。可见新市场的开发建设对于杭州的建筑现代转型意义重大。

4.2.1.4 随着传统商业区的发展而建造的商业建筑与金融建筑

除了城站火车站、新市场商业中心外，这一时期的传统商业街区也开始出现新式商业建筑。随着铁路、水路交通的发展及对外贸易的开展，传统商业向现代商业转变，商业建筑开始出现变化，一些传统商业中心建起了一批新的西式商业建筑。以中山中路、河坊街一带为例，作为杭州传统商业中心，这里汇聚了不少著名的商号，有百货业、南北货、中药店、西药、鞋业、扇业、茶叶、文具、钟表、置业、餐饮、金铺、银楼等各种店铺（金普森等，2005）。为了迎合当时的社会潮流，传统商号开始转变经营模式，建筑上也开始采用西式门面作为招牌。这一时期，不少商号建起了高大的洋房。张允升百货店位于中山中路70号，1926年，建造3层"钢骨水泥"西式楼房一幢，面积达600多平方米（仲向平，2003）。宓大昌烟店位于中山中路66号，为两开间3层西式楼房。万源绸庄位于中山中路与西湖大道交叉口的东南角，建于清末民初，是一幢主体4层的西式建筑，立面装饰细节丰富，是中山中路上最精美的优秀近代建筑之一。翁隆盛茶号位于河坊街，1925年，在马路扩建时建起了5层西式洋房。总之，这一时期传统商业区的商号纷纷建起西式建筑，促进了传统商业街区的进一步繁荣。新建的西式商业建筑高大精致，与原有中国传统低矮的商业建筑形成了极大的反差。

随着商业及贸易发展起来的还有近代金融建筑，20世纪初是我国近代金融业特别是银行业发展较快的时期，杭州的近代银行也陆续开办起来，如浙江兴业银行、浙江实业银行、浙江储蓄银行等。浙江兴业银行位于中山中路261号，1905年由于沪杭铁路的修筑创办了浙江铁路公司，浙江兴业银行于1907年呈准设立，为铁路建设筹款。银行大楼始建于1923年，建筑面积为3487.42平方米，主体为钢筋混凝土结构，有3层，西方古典主义形式（仲向平，2003）。浙江实业银行成立于1909年，1925年建造了新大楼，建筑为钢筋混凝土4层西式建筑，建筑面积1200平方米（仲向平，2003）。作为全新的建筑类型，这一时期杭州的银行普遍采用西式建筑形式，以西方复古主义建筑风格为主，与传统的钱庄、银号形成鲜明的对比。

4.2.1.5 随工商业、西湖发展而建造的新式住宅建筑

早在开埠之前，新式住宅就已由传教士传入杭州，在教堂、教会医院及教会学校周边建造，如杭州广济医院内的住宅建筑、司徒雷登于1876年建造的住宅等。杭州开埠后，在日租界及通商场内公共建筑周边建造了一些西式住宅，包括海关工作人员的住宅及税务司住宅等。早期石库门里弄民居也开

始在租界周边建造。工商业的发展带动了城市人口的聚集，新的居住建筑也开始在城内建造。首先，新市场的开发促使杭城商业网络贯通起来，在商业中心周边建造起包括石库门里弄民居在内的新式住宅；其次，开发新市场的过程中将西湖风景与城内密切联系起来，西湖成为开放式的城市公共空间与公共景观，这使西湖周边的住宅建设日益兴盛，不少绅商均在西湖边购地建房。笔者统计了《杭州老房子》《杭州老房子续编》《杭州老房子再编》《杭州老房子四编》等著作中具体建造时间可考且建于 1927 年以前的新式建筑数量，其中新式住宅（包括公寓里弄建筑与新式别墅）共计 33 处，占这一时期建筑总数的 45%（见表 4-1）。

表 4-1 1896—1926 年新式建筑类别及数量

建筑类别	银行建筑	公共建筑	工业建筑	宗教建筑	商业建筑	公寓里弄	新式别墅
数量	3	15	1	3	18	5	28

资料来源：笔者根据"杭州老房子"系列丛书整理。

日租界早期石库门里弄民居以福海里、如意里为典型。日租界建立后，在其南面陆续建造了 5 排 7 列共 35 个单元的石库门住宅，福海里就是其中主要的组成部分，位于拱宸桥东大马路（仲向平，2003）。福海里属于老式石库门民居，以每户两开间为一单元，建筑两层，入门为小天井，楼下正中为厅堂，两侧为厢房，后面有厨房，厨房上面有亭子间，为传统立帖式，砖木结构，内部没有卫生设施。如意里位于拱宸桥西南方，建于 1896 年前，为 2 层砖木结构，共约 30 套民居，屋后有一层砖木附属用房（仲向平，2003）。福海里及如意里皆为早期石库门里弄民居，吸取了西式联排住宅的特点，但每一单位仍保持中国传统合院式建筑格局，节约了土地及造价，但房屋进深拉大、开间及层高变小。这种做法与早期上海石库门里弄民居的演变类似，与当时出现的近现代意义上的房地产经济相关。

在新市场周边的南山路、湖滨路上，20 世纪 20 年代前后建造了不少公寓式里弄建筑。仁德里位于延安路与庆春路交叉口的竹竿巷，建于 1920 年前后，是早期石库门民居建筑。恰丰里及韶华巷也建有早期石库门里弄建筑，恰丰里位于柳营巷，临湖面街，于1925年建造，占地约4.8亩，有3层楼屋共6个单元18间，2层楼屋共36个单元72间，一律坐北朝南（仲向平，2004）。20世纪20年代初，房地产商在拆了老城墙的涌金门建造了一些单体别墅和石库门里弄建筑，即韶华巷里弄民居（仲向平，2004）。湖边邨位于湖滨，建于1926年，占地面积为3.718亩，共建有68个单元，为新式石库门里弄民居。每个单元皆为一楼一底，顶楼做大阳台，二楼南向有小阳台，在一、二层中间的楼梯平台处做亭子间，楼下后门连着厨房（仲向平，2003）。

这一时期，在西湖边建造了不少别墅，如建于1903年的"红楼"、清末民初的坚匏别墅和摹烟别墅、1912年的孤云草舍、民国初年的省庐、1920年的俞楼、1922年的鲍庄和迎风楼、1924年的放庐、1925年的适庐、1926年的王庄等。"红楼"位于孤山路，原为清政府预备德国皇太子来杭下榻所建，1912年划归浙江图书馆使用。占地为矩形平面，红砖砌筑，有两层，坡屋顶（见图4-11）。孤云草舍位于北山路69、70号，是一幢3层3开间西式洋房，采用了西方古典主义形式，细部精美，是当时北山路上的标志性建筑。省庐位于西湖葛岭山麓的北山路36号，占地2亩多，主楼有2层，左右各有一座角楼，墙体青砖砌筑，屋顶为中式。放庐位于南山路涌金门外临湖处，是辛亥革命老人黄元秀委托上海法租界工部局的潘剑求工程师设计、由杭州王杏生营造厂按图纸施工建造的别墅（仲向平，2003），为3开间3层楼房，中西结合。王庄也是西湖边较典型的近代庄园别墅，位于北山路45号，占地3.3亩，2层西式主楼坐北朝南，建筑设有宽大的阳台、走廊（仲向平，2003）。除了上述各类建筑，杭州官方还建造了地方高等法院，位于现在下城区庆春路和延安路交叉口。清末民初，这里是浙江省地方法院、高等法院、检察厅、审判厅等司法机关的集中地（仲向平，2003）。浙江图书馆孤山白楼于清宣统三年（1911）动工，1912年建成。因此，这一时期出现了不少新的建筑类型，教会建筑如教堂、学校、医院均有建造，公共建筑中交通建筑、政府办公建筑、图书馆、体育馆、商品陈列馆等一一出现，住宅建筑中里弄民居及花园洋房开始建造。到20世纪20年代，杭州的建筑类型已较丰富。

图 4-11　浙江图书馆"红楼"

4.2.2　新建筑技术的出现

杭州靠近主流城市上海和早期开埠城市宁波，基于特殊的地理区位关系，早在杭州开埠以前西式建筑就已传入杭州。在建造技术体系上，杭州同样经历了从传统木构技术到混合型建筑技术的转变过程。

早期的教堂如杭州天主教堂在西方传教士的指导下建造，其室内中厅部分为拱形圆顶，但从外部看教堂屋顶却是两坡顶，应是主体建筑采用中式结构但在室内进行装修形成。思澄堂为砖木结构，采用了中式梁架，外墙青砖砌筑。

杭州的早期殖民地外廊式建筑也多为砖（石）木混合结构。由于开埠时间晚，梁柱式外廊建筑并不多见，后期的拱券式外廊建筑则比较常见。同一时期，杭州的各类建筑如商业建筑、公共建筑及新式住宅建筑也多为混合结构。之江学堂各单体建筑由西方工程师设计，其初期建筑如 1907—1909 年建造的东斋、西斋，1910 年建造的下红房、上红房、灰房，1910—1911 年建造的慎思堂，1918 年建造的白房、绿房，1926 年建的佩韦斋等皆为砖木混合结构，①砖墙或砖墙及砖柱承重，采用木桁架。建于1912年的天文台、1917年至1919年的都克堂均为石木混合结构。②国人建造的新式建筑中，清泰第二旅馆2层砖木结构，建于1925年的惠林登钟表店为3层砖木结构，1926年建造的华德药房为2层砖木结构。建于1923年的高义泰布庄、1925年始建的浙江省邮政管理局均采用了砖混结构。别墅建筑中，建于民国早年的蓬庐、1924年的放庐皆为砖木结构。到20世纪20年代，杭州已经出现钢筋混凝土结构建筑，始建于1923年的浙江兴业银行主体结构已为钢筋混凝土结构。

新式建筑除主体建筑结构与传统建筑有明显差异外，在建筑的材料及细部处理上也与中国传统建筑存在较大差别，新式建筑广泛应用新材料、新工艺及西式元素，钢窗、水磨石地面、石头或混凝土宝瓶栏杆、水泥饰面、石膏天花板等普遍使用，如华德药房就采用了水泥仿块石抹面的装饰手法。

到20世纪20年代，新结构体系及新建筑材料、工艺已经在建筑建造过程中被广泛采用，杭州基本形成了新的建筑体系，西方现代建筑技术的引入有效推动了杭州近代建筑的现代转型。

4.2.3　新建筑形态的出现

近代前期，随着西方传教士的传教活动及西方人的贸易通商活动，西式建筑传入杭州，早期教会建筑得到了一定程度的发展，这些建筑一部分为殖民地外廊式建筑，另一部分则呈现出较为纯正的西式建筑风格。西式建筑传入后很快便掺杂入中国元素（中国传统建筑建造技术、建筑材料等），形成了中西交融的建筑形式。因此，近代杭州新建筑形态的出现主要表现在三个方面：一是殖民地外廊式建筑的出现；二是较为纯正的西式建筑形式的出现；三是中西融合的建筑形式的出现。需要指出的是，早期来到中国的传教士和贸易通商人员多数为非专业设计人员，同时他们在中国本土也很难坚持采用西方建筑材料进行建造，因此即使是在形式上较为纯正的西式建筑，也有可能

---

① 参见陈吉：《之江大学旧址建筑年谱》，浙江大学硕士学位论文，2008年，第34、42、50、55、59、64、85、89、93页。

② 参见陈吉：《之江大学旧址建筑年谱》，浙江大学硕士学位论文，2008年，第75、78页。

已掺杂部分中式元素，只是相对于整体西式风格而言，中西交融的成分较少。

4.2.3.1 殖民地风格外廊式建筑的出现

杭州开埠时间较宁波晚了半个世纪，虽然早期教会建筑中也曾出现一些殖民地外廊式建筑，但由于殖民地风格的外廊式建筑主要是西方殖民者以贸易通商的目的传入中国并建造的建筑类型，一般伴随着口岸开埠大量建造，杭州1896年开才埠，因此其殖民地风格的外廊式建筑发展历程相对较短。在近代杭州，建造于19世纪40年代至50年代的梁柱式外廊建筑并不多见，后期的拱券式外廊建筑则比较常见。1896年杭州开埠后，杭州海关办公大楼、税务司大楼等采用了拱券式外廊建筑式样。从现存建筑看，均为方形平面，一层地面抬高，使用连续券柱式外廊，墙体以青砖、红砖混合砌筑，呈现出这一时期殖民地外廊式建筑的普遍特点。除外廊外，建筑入口拱券、柱式、宝瓶栏杆皆为西式做法。如现标号为10的当年的海关办公楼，三面均有券柱式外廊，承券柱为方柱，柱头及柱础部分用砖砌出线脚，柱身有一方形凹槽，磨砖倒角砌筑，二层有木质宝瓶栏杆（见图4-12、图4-13）。位于孤山路的"红楼"也为殖民地外廊式建筑，同样为矩形平面，红砖砌筑，一、二两层皆为连续券外廊。在细部处理上，建筑有分层线脚，采用方形壁柱，柱身有凹槽，柱边抹角。

图4-12 杭州关办公楼老照片

资料来源：仲向平：《杭州老房子续编》，中国美术学院出版社2004年版，第46页。

图 4-13　杭州关办公楼现状

资料来源：作者自摄。

4.2.3.2　较为纯正的西式建筑的出现

初期传入杭州的首先是教会建筑，教堂是最具代表性的建筑类型，西方教堂繁复而精美，传入中国后虽然不得不面对不同的建造技术而掺杂入当地的元素，但其仍然以独特的建筑形态而给人带来强烈的视觉冲击。杭州天主堂坐西朝东，主入口位于西侧，主立面中轴对称，三开间，中间一跨略向外凸出，同时运用双柱、叠柱、曲线山花等元素，塑造出凹凸起伏的立面效果。中部的横向线脚将主立面分为上下两段，上部有山花，下方为三个拱券门，中间大，两边略小，门上有圆形玫瑰盲窗。教堂室内有 18 根多立克柱（仲向平，2003），中厅采用圆形拱顶，均是西方教堂常用元素。之江大学的都克堂为主体不带侧廊的巴西利卡式，主入口一侧带塔楼，塔楼形成一种向上的动势，具有哥特建筑的一些特征。1920 年建成的湖山堂，在主体建筑边上建有尖顶钟楼，拱券窗、圆形玫瑰窗等均体现了西方教堂建筑的特征。

到 19 世纪末 20 世纪初，虽然仍建造了一些殖民地风格的外廊式建筑，但杭州已开始出现复古主义、折中主义建筑。[①] 西方古典主义建筑的构图手法、

[①] 中国的殖民地风格的外廊式建筑主要存在于1900年之前。参见：杨秉德：《中国近代中西建筑文化交融史》，湖北教育出版社2002年版，第166页。

建筑形式构成要素已在杭州一一出现。公共建筑中杭州火车站、浙江省高等法院等均为此类建筑。如杭州火车站就采用了竖向三段式构图，入口及两端均向前凸出，中心对称格局。

建筑主体为两层，但为突出中部的构图关系，入口处做成局部三层，一层为一拱券门，门廊略向前凸出，门廊两侧有延伸到顶端的角柱，二层有四根立柱支撑于门廊上方，开两个方窗。三层正中为一個匾额，且顶端做一圆形穹顶，四角的角柱伸出屋面形成塔状构筑物，有一个挂钟镶嵌于屋面上方。门廊、穹顶、挂钟等都形成对入口构图中心的呼应与强调。建筑的拱券门、窗、壁柱、线脚、屋顶山花等西式元素构造精美（见图 4-14）。地方高等法院位十现在杭州市下城区庆春路和延安路交叉口，为西式建筑，建筑细部讲究。现有建筑仅为原建筑规模的 3/5，原有建筑因延安路拓建工程而拆除了一部分。其外墙为清水砖墙、坡屋顶。在形式上，为竖向三段式构图、对主入口门廊的强调、一、二层间门窗比例的对比等均体现出西方古典主义建筑的形式特征。现有建筑不对称，中间两根贯通上下的壁柱将南立面分为竖向三段，主入口位于东侧，一层为柱廊，形成入口灰空间，二层为阳台，宝瓶栏杆；中部五开间，一层为拱券门，二层为落地窗，窗下带阳台，与一层拱券门形成对比，调整了构图比例（见图 4-15）。

图 4-14　杭州火车站老照片

图4-15 杭州地方高等法院现状

这一时期，杭州的银行建筑及一些商业建筑业也开始出现模仿得较为纯正的西式风格和形态，完全采用新式材料和结构形式，如浙江兴业银行、荐桥洋行、高义泰布庄等。建于1917年的荐桥洋行，为折中主义建筑，采取横向三段式构图，顶部有女儿墙，宝瓶栏杆。一层入口采用半圆形拱券，两侧为半圆形拱券窗，二层、三层分别采用圆形、三角形窗楣，窗边有倚柱。建于1923年的高义泰布庄，位于街道转角处，局部四层，同样为横向三段式构图，外墙勾横缝，局部有阳台。

复古主义、折中主义风格也用于住宅建造中，如建于1912年的孤云草舍，建筑为三层，主立面每层均有外廊，为竖向三段式构图。中部两边各有一根多边形柱子贯通三层，每层采用一个中央大拱券带两侧小拱券的构图，中央拱券的承券柱为双柱。两侧多边形柱升出屋顶，与屋顶上的多边形塔楼呼应。栏杆为花形铁艺栏杆，柱头、柱础、拱券、楼层线脚等花饰精美。

除上述建筑外，这一时期杭州还建造了之江大学慎思堂、东斋、西斋及新新饭店等复古主义、折中主义建筑，这些建筑呈现出较为纯正的西方建筑风格，成为当时杭城新建筑的代表，与大量的中式传统木构建筑形成了较大反差。

4.2.3.3 中西融合的建筑形式的出现

早期西式建筑传入中国，很快与中国传统建造技术融合，形成了中西融合的建筑形式。在杭州，建筑形式的中西融合主要表现在三个方面：一是在西式建筑主体上加入中式构件或加入中国传统建筑材料及装饰图案（如大屋顶、青砖、小青瓦等）；二是在传统商业建筑、居住建筑局部加入西式元素，形成中西交融的建筑风格或加入西式主立面形成了西式门面建筑；三是石库门里弄民居建筑的出现。

其一，西式建筑主体上加入中式构件或加入中国传统建筑材料、装饰图案等形成了中西融合的建筑风格。一些建筑在西式主体建筑上加上了中式大屋顶，或是墙体、屋面利用中国传统材料砌筑和铺设，在建筑细部上，也往往在西式建筑元素中加上中国传统装饰图案，甚至在西式建筑的基础上加上了中国传统园林布局，两者结合在一起形成了中西交融的住宅与庭院。如前文提到的广济医院的新大门（见图 4-6），照片拍摄于 1926 年，建筑立面开整齐的方窗，但屋檐的处理为明显的中式风格，入口上方有小披檐，屋檐均四角起翘。广济医专大楼采用了类似的处理手法，建筑中部四开间向前突出，一层上方有披檐，两侧各有四开间，其中靠近中部的三开间较最后一个开间略向前突出，形成外廊，屋顶同样为中式，四角起翘（见图 4-16）。

图 4-16 杭州广济医专大楼

资料来源：杭州市档案馆编：《近代杭州图集》，浙江摄影出版社 2005 年版，第 20 页。

又如杭州思澄堂，建筑外墙材料以青砖为主，且用鹅卵石和方形青石板拼贴出立面纹样，模仿西式教堂的装饰。其屋顶也为中式，铺小青瓦。一些新建的庄园、别墅还将西式建筑与中式院落、园林结合在一起。位于西湖灵隐之上的朱庄，建于民国初年，主楼为一幢两层西式别墅，主楼后面为一座西式平房，前后建筑又以东西厢房连成一个四合院，形成中西合璧的建筑风格（仲向平，2003）。

其二，传统商业建筑、居住建筑局部加入西式元素形成中西交融的建筑风格，或加入西式主立面形成了西式门面建筑。19世纪末开始，杭州商业建筑也开始转变。传统的杭州商业建筑起源于传统民居建筑，一般为一至二层沿街木构建筑，前店后宅或是一层开设店面、二层住家。每户为一到几开间不等，以山墙划分。随着传统商业的转型，在杭州中山中路等传统商业街上的商业建筑开始发生变化。初期，商业建筑在平面布局、材料使用等方面开始发生变化，如建于1878年的胡庆余堂，基本沿袭了传统建筑的格局，但第一进院落的天井已经用玻璃顶棚覆盖起来，使用了新式建筑材料。紧接着，西式元素出现在立面及细部装饰上，即采用西式门面或局部的西式装饰元素如铸铁花饰、拱券、柱式等，形成中西融合的近代商业建筑。一些商业建筑在传统店面前面加上西式立面，通常采用巴洛克构件，如山花、涡卷、柱式等，营造出较为热闹的立面形象，如中山中路的义源金楼（朱金坤，2007）。这些新的商业建筑在体量上、形式上都与低矮的传统商业建筑形成了强烈的对比。

西式建筑元素也对居住建筑形成了一定的影响，杭州传统民居除了前述沿街商住混合形式外，多为传统三合院格局，被称为"墙门"，一般正房两层，有房三到五间，院子两侧有厢房与正房相连，较大的宅子由几个合院组成（陈易，2002）。近代以后，传统民居受到西式建筑影响，局部产生了西式元素，如西式线脚、拱券门的应用，同时在立面处理上更为灵活，外立面开窗增多，或从二层山墙处直接出挑阳台等。一些建筑采用了玻璃、铸铁等现代建筑材料。

其三，石库门里弄民居也开始出现。最早的石库门里弄民居如日租界的福海里、如意里等，吸取了西式联排住宅的特点，将中国传统合院式建筑压缩，在处理手法上，采用了局部西式装饰元素。福海里石库门建筑立面简洁，较少用装饰，门上有简洁的线条。如意里石库门二层还保留中式建筑的木板墙，有木质宝瓶栏杆。位于延安路与庆春路交叉口的竹竿巷仁德里，建于1920年前后，也是早期石库门民居建筑，门头有西式线脚及装饰，但建筑主体结构仍为中式木结构，二层还有中式挂落等装饰构件。韶华巷及恰丰里的早期石库门里弄住宅分别建于20世纪20年代初中期，石库门上已经有山花，线脚增多（见图4-17）。在早期石库门里弄民居继续建造的同时，20世纪20年代，杭州已经开始出现新式石库门里弄民居。建于1926年的湖边邨，外墙青砖砌筑，西式铸铁大门，门楣门柱上方的雕饰愈加精美，阳台成为重要的装饰元素，采用铁艺栏杆（见图4-18）。

图 4-17　韶华巷　　　　　　　图 4-18　湖边邨阳台细部

资料来源：朱金坤主编：《杭州老房子再编》，中国美术学院出版社 2007 年版，第 191 页；仲向平：《杭州老房子》，中国美术学院出版社 2003 年版，第 122 页。

总体而言，到20世纪20年代，中国传统建筑所没有的殖民地外廊式建筑、复古主义和折中主义建筑、中西融合的各种公共建筑、商业建筑、住宅建筑等新的建筑风格和形式均在杭州出现。无论是公共建筑、商业建筑还是住宅建筑，既有对西方古典主义风格的模仿与拼凑，也有中西交融的各种诠释，推动了杭州城市与建筑的现代化进程。

4.2.4 典型建筑案例

1896—1927 年间，杭州建造了不少新式建筑（见表 4-2），以下就较为典型的 7 个实例进行简要分析。

表 4-2　1896—1927 年杭州其他重要建筑

序号	建筑物名称	竣工时间	建筑类型	位置	现用途
1	朱庄	民国初年	园林别墅	法云弄9号	武林健身疗养院
2	省庐	民国初年	园林别墅	北山路36号	民居
3	南阳小庐	民国初年	园林别墅	湖滨路20号	景点派出所
4	活佛照相馆	1911年左右	商业建筑	仁和路	现已不存
5	湖滨骑楼	1912年	商业建筑	湖滨路	现已不存
6	馆驿后3号	1912年	园林别墅	佑圣观巷与城头巷之间	不详
7	中国银行杭州分行	1916年	银行建筑	中山中路273号	现已不存
8	荐桥洋行	1917年	商业建筑	荐桥桥东上珠宝巷	现已不存
9	张家花园	1918年后	园林别墅	浣纱路170号	民居
10	浙江储蓄银行	20世纪20年代初	银行建筑	欢乐巷46、48、50号	民居
11	美国北长老会住宅	1920年	园林别墅	仁和路17号	现已不存
12	鲍庄	1922年	园林别墅	北山路94号	现空置
13	高义泰布庄	1923年	商业建筑	羊坝头	现已不存
14	中心集施茶材会公所	1924 年	公用建筑	西吉祥巷9号	民居
15	恰丰里	1925年	公寓里弄建筑	柳营路	民居
16	适庐	1925年	园林别墅	平海路61号	现为共青团杭州市委员会
17	长生路35号住宅	1925年	园林别墅	长生路35号	现已不存
18	张允升百货店	1926年	商业建筑	中山中路70号	现为麦当劳餐厅
19	宓大昌烟店	1926年	商业建筑	中山中路66号	现为天工坊
20	孔凤春粉局	1926年	商业建筑	河坊街119号	现为王润兴饭店

续表

序号	建筑物名称	竣工时间	建筑类型	位置	现用途
21	三三医院	1926年	公用建筑	柳营路6号	现为爵士俱乐部
22	菩提精舍	1926年	公用建筑	北山路44–50号	现空置
23	韩国临时政府	1926年	公用建筑	湖边邨23号	民居
24	湖边邨	1926年	公寓里弄建筑	长生路58号	民居
25	王庄	1926年	园林别墅	北山路43号	民居
26	许厪父旧居	1926年	名人住宅	积善坊巷6号	不详
27	万隆火腿庄	1926—1928年	商业建筑	中山中路79号	现为商业建筑

4.2.4.1　之江大学（1907—1936 年）

之江大学的前身是 1845 年美国教会南北派创设于宁波的崇信义塾，1867 年校址迁往杭州，1897 年改名为育英书院并被美国北长老会华中差会承认为教会高等教育机构。1906 年 11 月，育英书院由于原位于城内的校舍不敷使用而另觅校址，后勘定城内秦望山的 660 亩荒地兴建校舍。[①]1911 年迁入现在的之江大学所在地，因钱塘江之旧称改名为之江学堂，1914 年改名为之江大学。

之江大学建筑群共有建筑 40 余幢，主要建筑为东斋、西斋、慎思堂、同怀堂、都克堂、图书馆、上红房、下红房、白房、灰房、佩韦斋、科学馆等。校园规划中所有建筑皆顺应地势排布。根据山脊与山涧将地块划分为三个龙头，即头龙头、二龙头和三龙头。头龙头和三龙头为教工生活区及学生生活区，二龙头则是之江大学主要教学建筑的分布集中地，地势较为平坦，主要教学楼围绕一草坪大花园建造。合理的规划布局及和谐的建筑色彩和风格使之江大学显得精巧雅致。校园分期建设，1927 年前是学校的创兴期和扩充期，这期间建造了主要的教学楼及生活用房。这些建筑由不同的设计机构设计，1911 年竣工的一批建筑皆由美国工程师在美国设计完成，1911—1914 年间，之江大学有专门的外籍工程师贝克先生驻校负责学校的建设工作。贝克先生于 1914 年离开，此后威尔逊先生接替他的工作，1918 年竣工的白房、绿房及 1919 年竣工的都克堂均是由其负责完成。1920—1926 年间，之江大学成立

---

① 参见陈吉.之江大学旧址建筑年谱[D].杭州：浙江大学硕士学位论文，2008：8.（原文出处：队克勋、刘家峰译.之江大学[M].珠海：珠海出版社，1999：21.）

了设计机构"建筑部"（"建筑署"），设计并监造了佩韦斋、科学馆、体育馆、图书馆等校园建筑。[1]

慎思堂位于校园广场中央，是主教学楼，建于1910年，1911年2月完工，[2] 是之江大学在二龙头建造的第一批8幢建筑之一。建筑占地面积515.5平方米，建筑面积2062平方米，地上三层，地下局部一层，为砖木结构[3]，清水红砖外墙，转角嵌隅石，屋顶为简洁的四坡顶。建筑平面呈"一"字形，中部略向外突出，以一条内廊组织交通及功能，东西两端北面各有一个楼梯，建筑四面都有入口，主入口位于南面中部，东西两侧有带门斗的次入口。慎思堂建成之初，一层"分为教员预备室、学生休息所、客堂、职员事务室，而以图书室、阅报室暂附焉"，二层"为总讲堂，礼堂暂设此"，三层"分为各科讲堂，而以博物室、理化室暂附焉"，后将理化室置于二层。[4] 建筑立面为横向三段式构图，分为基座、楼层主体及屋顶三段。南北立面竖向也分为三段，呈中心对称格局。南面主入口门廊向前凸出，由四根柱子支撑，其中中部为两根变异的爱奥尼柱，门廊上方为矩形露台，有宝瓶栏杆。入口处有三个半圆形拱券门，中间大，两边小，有券心石。为强调主入口立面，二层立面突出了中部的半圆形拱券，券的两侧各有一个圆环装饰，圆环下方各有一个竖窗，与门廊形成呼应。入口两侧立面有分层线脚，所有窗户皆为平券窗，其中一、层窗有券心石，二层窗户上方还有半圆形拱券，券的两侧各有一个圆环装饰，与中部入口处二层立面做法类似（见图4-19、图4-20）。

---

① 陈吉：《之江大学旧址建筑年谱》，浙江大学2008年硕士学位论文，第16页。
② 陈吉：《之江大学旧址建筑年谱》，浙江大学2008年硕士学位论文，第68页。
③ 陈吉：《之江大学旧址建筑年谱》，浙江大学2008年硕士学位论文，第64页。
④ 陈吉：《之江大学旧址建筑年谱》，浙江大学2008年硕士学位论文，第68页。

图 4-19　慎思堂南立面

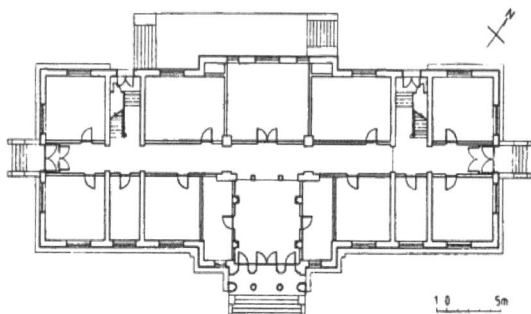

图 4-20　慎思堂一层平面图

资料来源：张吉：《之江大学旧址建筑年谱》，浙江大学 2008 年硕士学位论文，第 65-66 页。

东斋、西斋建成于 1909 年，均是之江大学最早建造的一批建筑。东斋位于慎思堂东面，大花园的东北面，故称为东斋。东斋面朝钱塘江，是当时人们进校后看见的第一座建筑。[①]西斋位于慎思堂之西，大花园之西南，故称西斋。[②]东、西斋皆为清水红砖外墙，转角有隅石，屋顶为简洁的四坡顶。建筑平立面布局也基本相同，平面布局呈"一"字形，中部凸出，以内廊道组织空间，主入口位于南面正中；立面为横向三段式及竖向三段式构图，中心对称格局。入口处有门廊，多立克柱式，门廊上方为弧形山花。立面门窗皆为平券，

①　陈吉：《之江大学旧址建筑年谱》，浙江大学2008年硕士学位论文，第38页。
②　陈吉：《之江大学旧址建筑年谱》，浙江大学2008年硕士学位论文，第46页。

一、二层券皆有券心石。建成初期，东斋一层一半空间为学生饭厅，其余为宿舍，可容学生 100 人，并有教师宿舍若干间。[①] 西斋也是学生宿舍，建成初期，底层为饭厅（见图 4-21、图 4-22）。

图 4-21　东斋老照片　　　　　　　　　　　　　图 4-22　西斋现状

资料来源：图 4-21：张吉：《之江大学旧址建筑年谱》，浙江大学 2008 年硕士学位论文，第 35 页。图 4-22 为笔者自摄。

上、下红房均建于 1910 年，位于二龙头，均是当年的外籍教师住宅，其中上红房子占地面积 149.5 平方米，建筑面积 299 平方米，下红房建筑占地面积 139.5 平方米，建筑面积 279 平方米。[②] 两幢建筑均为砖混结构，主体二层，局部三层，坡屋顶，有老虎窗。建筑平面均不对称，主入口位于东面，建筑一、二层局部有外廊，虚实结合，但外廊的处理手法不同，上红房一层为连续券柱式外廊，二层则为列柱外廊，下红房一、二两层皆为列柱外廊。在窗户的处理上，两者均开方窗，窗上有假拱券，窗户下方有装饰纹样。建筑细部讲究，柱头雕饰卷涡、花草等图案，柱边抹角，檐下柱间饰以本质挂落，其中下红房二层外廊采用了木栏杆和铁艺栏板，体现了中西交融的细节处理（见图 4-23、图 4-24）。

---

① 陈吉：《之江大学旧址建筑年谱》，浙江大学2008年硕士学位论文，第38页。原文参见《杭州之江大学校章程》(1917)："……can accommodate one hundred studentS. two in a room. Besides having rooms for teachers and proctors. A large hall occupying half of the first floor is used aS a dining room."

② 陈吉：《之江大学旧址建筑年谱》，浙江大学2008年硕士学位论文，第50、55页。

图 4-23　上红房

图 4-24　下红房

资料来源：笔者自摄。

图 4-25　都克堂

都克堂位于慎思堂西北面，于1917年奠基建造（见图4-25）。其早年为之江基督会礼拜堂，可容纳500人。建筑占地面积360平方米，建筑面积439平方米，[①] 石墙承重，外墙以大块石料砌筑[②]，建筑分主体部分与东北面塔楼部分，主体部分一层，局部带夹层，坡屋顶，塔楼二层。主体部分平面为巴西利卡，有前厅、主厅和祭坛三个部分，祭坛为半六边形，前厅南侧有通向夹层的楼梯。主入口略向外突出，为一拱券门，其上方为一拱券窗。紧挨主入口北侧设单侧钟塔，方形平面，内为牧师更衣休息室，以活动木梯联系上下两层。塔的转角处有壁柱。正面一层正中为一尖券门，二层为两个尖券窗，侧面一层为一个尖券窗，二层也开两个尖券窗。礼拜堂侧面开拱券窗，窗间有壁柱，收分明显。

4.2.4.2　浙江兴业银行（1923）

浙江兴业银行位于现中山中路261号，始建于1923年，占地面积3.385

---

① 陈吉：《之江大学旧址建筑年谱》，浙江大学2008年硕士学位论文，第78页。

② 陈吉：《之江大学旧址建筑年谱》，浙江大学2008年硕士学位论文，第78页。

亩（约为 2256.67 平方米）。[①] 建筑的设计者是我国当时著名的建筑师沈理源。兴业银行成立的背景可追溯到杭甬铁路的开办。光绪三十一年（1905），汤寿潜、刘锦藻两位修建沪杭铁路的总理发起创办浙江铁路公司，自办沪杭甬铁路，第二年 10 月，公司设铁路银行，光绪三十三年（1907），浙江兴业银行呈准设立，10 月 15 日正式开业，行址在杭州中山中路羊坝头。

建筑主体为钢筋混凝土结构，高三层，坐西朝东，方形平面，四角凸出，中间为一方形大厅，房间围绕四周布置，其中一层主要为营业及办公用房，楼梯位于西面角部，南北各一个。建筑东西两面均有出入口，其中主入口位于东面（见图 4-26、图 4-27）。

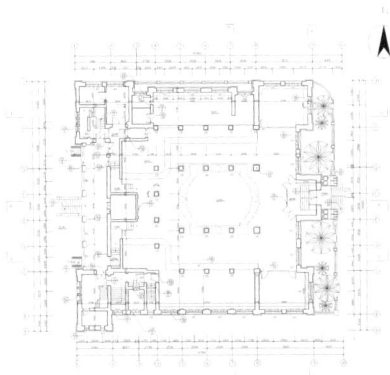

图 4-26 兴业银行一层平面

资料来源：浙江工业大学建筑系提供。

图 4-27 兴业银行主入口立面

资料来源：笔者自摄。

建筑为仿西洋古典建筑风格，正立面为横向三段式构图，基座部分为底层，用石材贴面，横缝勾缝明显，强调了水平线条。一、二层间有一圈宽线脚，其宽度与二层窗户阳台的宝瓶栏杆及柱础高度一致，形成一道横向装饰。中段为建筑的二、三两层。三层之上挑出薄薄的檐口，下方用牛腿做成一排装饰构件，形成一圈横向线脚，檐口上部的女儿墙采用部分栏杆式样。竖向也分为三段，入口位于中部，略向外凸出，顶部为穹顶塔楼，统帅整个体量。入口处有六级台阶，台阶两侧是两个弧形石鼓，门廊的柱子就落在石鼓上，

---

① 参见仲向平：《杭州老房子》，中国美术学院出版社2003年版，第2页。

柱为双柱，有收分，柱头仿爱奥尼式样，有拱券大门，有券心石。门廊上方有一平台，有石质宝瓶栏杆。二、三层左右两侧各置一根两层高的巨柱，柱头部分也仿爱奥尼式样。二层窗户两侧窗框做成壁柱式样，以支撑额枋、檐壁及上方断裂的三角形山花，山花正中镶嵌一面圆钟。再往上是穹顶，落在方形基座上，基座四面均有弧形山花。入口两侧立面端部一开间做特殊处理，略向外凸，壁柱贯通二、三两层，柱头仿爱奥尼式样，三层女儿墙耸起，成为弧形山花，强调三段式构图。在门窗的处理上，一层采用半圆形拱券窗，二层为落地长窗，三层为简单的方窗，窗户高度随着楼层增加而逐层递减，细部处理也逐层简化，一层外墙大理石在窗户上方顺应拱券窗拼贴成放射状，整体感较强，二层窗带小阳台，窗楣做成断裂的弧形山花，三层窗上仅以简单的线脚装饰，构成竖向渐变的韵律（见图4-28）。建筑用材十分讲究，门面、台阶、柱子等采用苏州金石花岗岩，内部用材和装饰也很考究，木料采用红木、紫檀、黄杨等，均是董事蒋抑厄从胡雪岩故居中购得。大厅为石膏雕花卷棚吊顶，两侧有十几根爱奥尼立柱，建筑装饰精美。

图4-28 浙江图书馆白楼

资料来源：笔者自摄。

4.2.4.3 浙江图书馆孤山馆舍（1903—1912）

浙江图书馆的前身为杭州藏书楼，始建于光绪二十六年，于1903年扩充改建为浙江藏书楼，1909年再度扩建为浙江图书馆。孤山馆舍位于西湖孤

山脚下，由两幢西式楼房组成，因建筑颜色一红一白，两幢楼被分别命名为
"红楼"和"白楼"。建筑坐北朝南，总占地面积约为5000平方米。"红楼"建
于清光绪二十九年（1903），1912年划为图书馆所用（见前文）。"白楼"于清
宣统三年（1911）动工，1912年建成。[①]

　　白楼平面为"凹"字形，建筑面积1978平方米，两层砖木结构，坡屋顶。
为适应藏书需要，采用了双基抬梁式基础及内框架整体结构。[②]一层中部为入
口大厅，大厅中部有双分木楼梯，两侧为书库，入口位于中部，二层为办公
用房。外立面为横向三段式构图，由
基座、楼层及屋顶组成，有分层线
脚。主入口立面竖向分为五段，左右
两端及中部入口处形体凸出形成变
化，同时也成为竖向分段的界限。入
口处作重点处理，门廊以柱子支撑，
柱头为科林新式样，大门为拱券门，
券脚落在方形壁柱上，建筑二层出挑
阳台，有宝瓶栏杆。从建筑细节看，
建筑转角柱及壁柱均贯通两层，表面
模仿石材贴面效果，横向勾缝明显。
建筑开方窗，外窗为木质百叶窗，窗

图4-29　思澄堂

资料来源：笔者自摄。

边有一圈装饰线脚，窗楣做成平拱券式样，有券心石（见图4-29）。

　　浙江图书馆白楼是国内最早的公共图书馆建筑。在1932年9月大学路馆
舍正式开放使用之前，孤山馆舍一直是浙江图书馆总馆。

4.2.4.4　思澄堂（1924—1927）

　　位于上城区解放路132号，丰乐桥东北角，1924年动工，1927年建成，
起名"思澄堂"以纪念张澄斋牧师。[③]

---

① 仲向平：《杭州老房子》，杭州：中国美术学院出版社2003年版，第113页。
② 仲向平：《杭州老房子》，杭州：中国美术学院出版社2003年版，第113页。
③ 参见仲向平：《杭州老房子》，杭州：中国美术学院出版社2003年版，第87—88页。

　　杭州并不是近代主流城市，由于传教士能力和财力等各种原因，教堂建筑在杭州有了更加当地化的形式，思澄堂就是典型的例子。其平面为十字形，南北长、东西短，主入口位于南面，圣堂位于长轴的北端。主入口两侧为楼梯间，采用旋转楼梯。建筑共三层，一层为一个独立会堂，二楼采用中部上空结构，坐在三楼的角落里也能清楚看见讲台，视线很好，体现了空间布局的合理性。

　　建筑为中西交融建筑风格，砖木结构。建筑外墙材料以青砖为主，且用鹅软石和方形青石板拼贴出立面纹样，模仿西式教堂的装饰。从正立面看，建筑左右两侧楼梯间形成了仿西式塔楼的视觉效果，中间是中式翘檐屋顶。主入口大门上方做一个中式抱厦连接主体建筑。抱厦和三层楼层处的出檐将建筑分成横向三段。顶部山墙模仿山花的效果，以鹅软石和青砖拼贴出装饰纹样，三个不规则的弧形窗与中段的纵向长窗形成呼应（见图4-30）。门窗用中式的花格作为装饰，窗户为中国园林中常用的支摘窗形式，这在教堂建筑中比较罕见。建筑屋顶为十字交叉坡屋顶，其中长轴为硬山顶，短轴为歇山顶。

图4-30　基督教青年会主楼东立面

资料来源：沈弘：《西湖百象——美国传教士甘博民国初年拍摄的杭州老照片》，山东人民出版社2010年版，第99页。

4.2.4.5　杭州基督教青年会（1918—1919年）

杭州基督教青年会位于现青年路27号，建筑包括主楼及钟楼两个部分。主楼初建于1918年，共占地13亩半，建筑面积2700平方米，耗资12

万元，由北美基督教青年会协会捐助建造，于 1920 年正式启用。[①]建筑坐西朝东，场地东、南、西三面是一个健身场。

会所设接待室、演说厅、游戏厅、事务室、阅览室及食堂、宿舍、理发室、浴室等。[②]最初平面呈 H 形，为三层西式洋房，外墙为清水砖墙，红砖砌筑。东立面左右对称，为竖向三段式构图。中部为五开间，有四根高大的塔斯干巨柱贯通两层，支撑拱券外廊。二楼栏杆采用了铁艺栏板，三层形体收进，形成一个屋顶花园。一层开方窗，二层、三层采用半圆拱券窗。两侧立面以实墙为主，与中部形成虚实对比。二层开一个拱券窗，与一层的方窗形成统一的构图，三层并排开两个拱券窗，有出挑的小阳台，铁艺栏杆（见图 4-31）。

图 4-31　基督教青年会

资料来源：笔者自摄。

钟楼建于 1919 年，是为纪念谢洪赉氏由上海商务印书馆及地方人士捐赠的。钟楼也叫钟水塔，方形平面，五层高，青砖砌筑，是当年的会所前门，位于国货路和青年路转角。建筑一层为长方形平面，中部入口处作半圆拱券，两侧开竖窗，人字屋顶，屋檐正面朝向入口，塔楼从屋檐中间升起。三层中部为并排的一组拱券窗，上方为一圆形大钟面。四层檐口以牛腿出挑一环绕四周的挑台，栏杆砌筑成齿状。建筑五层以中央拱券门及两侧竖窗、拱券上方的装饰形成统一的构图。据说报时大钟设在楼顶，重 1200 公斤，为当年杭城的标准报时钟，由美国波斯顿公司铸造，有四面向外展示时间刻度的钟面。钟楼楼顶还设蓄水池，将钟楼和水塔的功能结合在一起，一楼多用，是为数不多的实例。

①　参见方忆：《杭州近代建筑概述》，引自汪坦、张复合主编：《1998中国近代建筑史国际研讨会论文集》，清华大学出版社1999年版，第70页。

②　参见仲向平：《杭州老房子》，中国美术学院出版社2003年版，第89页。

4.2.4.6 孤云草舍（1912）

孤云草舍位于西湖葛玲南麓，建于1912年，建筑坐北朝南，石材立面，主体3层，主入口位于南面，建筑面积为1148平方米，建筑原为吴兴富商刘梯青的别墅，现为新新饭店的一部分。

孤云草舍为后期殖民地风格外廊式建筑，方形平面，四面外廊，但在立面处理上已经呈现出复古主义建筑的特点，建筑的屋顶、水平腰线及细部处理都较丰富，立面已经有明确的横向及纵向划分，采用横向、竖向三段式构图。建筑有分层宽线脚，强调出水平向划分。主立面入口处的中部是建筑处理的重点，略向外凸出，两端各有一根八边形角柱，柱子凸出墙面并一直贯通至屋顶，支撑顶上的三角形山花，并伸出檐口形成两个八边形小塔楼。塔楼之间有一八边形穹顶，形成统帅整个建筑的构图中心。在外廊处理上，中部采用了券柱式外廊，每层有三个拱券，中间大，两边小。承券柱仿科林斯式样，每个拱券两端券脚皆有柱子支撑，在中间形成了双柱格局，柱子落在栏杆上，柱础与铁艺栏杆组合在一起。入口两侧立面为券柱式外廊，形成统一的立面效果（见图4-32）。

图4-32　孤云草舍

资料来源：笔者自摄。

孤云草舍虽为外廊式建筑，但早期外廊式建筑所具有的单纯而强烈的外廊效果已经不复存在，外廊作为立面构图主体的地位已经下降。

4.2.4.7 新新饭店（1922）

1922年董锡庚建造的五层楼高的西式高楼（现新新饭店中楼），位于西湖边，现为北山路58号。建筑坐北朝南，占地1.604亩，建筑面积2686平方米。[1]

建筑共六层，地下一层，地上五层，当年，旅馆内设餐厅、书楼、弹子房、跳舞厅、露天电影场等。[2] 建筑正面为横向三段式构图，以二层楼层处的阳台栏杆及五层楼层处的栏杆及山花形成的水平向线条作为区分，底下为基座和一层列柱式外廊；中部为二到四层楼层，五层为顶部。竖向也分为三段，五开间，中轴对称，左右两开间略大，二层开拱券门，三、四两层有挑出的小阳台，阳台的栏板采用铸铁花纹装饰，顶部做红色圆顶的西洋亭子，形成双塔楼格局；中部三开间，各层均有外廊，与两侧塔楼形成虚实对比，其中一、二两层外廊均有柱子支撑，柱头为仿爱奥尼式样。顶部为半圆形的山花，上面题写"THE NEW HOTEL 1922"几个字。建筑栏杆、线脚、柱头等做法精致（见图4-33）。

图4-33 新新饭店

资料来源：笔者自摄。

4.3 本章小结

1913年新市场的开发打开了杭州近代前期城市建设的新局面，虽然杭州的城市建设始于开埠后的通商场及日租界，中国官方在通商场内修筑道路，日本人在日租界内也修筑了两条马路，但规模均不大。新市场的建设是杭州近代前期城市建设的主体，尤其是城市道路的修筑，1916年以后，新市场马

---

[1] 参见仲向平：《杭州老房子》，中国美术学院出版社2003年版，第14页。

[2] 参见仲向平：《杭州老房子》，中国美术学院出版社2003年版，第14页。

路陆续建成，1925 年中国人还修筑了连接新市场和旧城之间的环城马路。在开发新市场的同时，中国官方还规划建设了新市场周边（湖滨）的第一至第五公园，发展了城市公共交通，同时开办电灯公司，创办电话局，市政建设得到一定程度的发展。在建筑活动方面，在新市场周边，中国人建起了公共体育场、民众教育馆、国货陈列馆等新的公共建筑，同时商业建筑、居住建筑均得到一定程度的发展。总体来看，西方人虽在开埠之初的日租界进行了零星的建设，但中国人在新市场开启之后进行了更大规模的建设，成为这一时期杭州城市建设的主体。

参考文献：

[1]陈易.西学东渐下的浙江近代建筑——杭州、宁波、温州三大开埠地区案例研究 [D].南京：东南大学，2002.

[2]杭州市档案馆.民国时期杭州市政府档案史料汇编 [M].杭州市档案馆，1990：84.

[3]杭州市地方志编纂委员会.杭州市志（第四卷）[M].北京：中华书局，1999：205.

[4]杭州市交通志编审委员会.杭州市交通志 [M].北京：中华书局，2003.

[5]胡发群.近代杭州教会学校研究 [D].杭州：浙江大学，2008：9.

[6]金普森，等.浙江通史·民国卷（上）[M].杭州：浙江人民出版社，2005：114.

[7]任振泰.杭州市志（第四卷）[M].北京：中华书局，1999.

[8]阮毅成.三句不离本杭 [M].杭州：杭州出版社，2009：92.

[9]沈弘.西湖百象——美国传教士甘博民国初年拍摄的杭州老照片 [M].济南：山东人民出版社，2010：98.

[10]王蛟.杭州教育志 [M].杭州：浙江教育出版社，1994：80-81，99，160.

[11]杨军.杭州老房子四编 [M].杭州：浙江大学出版社，2009：105.

[12]章臻颖.杭州近代建筑史及其建筑风格初解[D].杭州：浙江大学，2007：22-23.

[13]赵世培，郑云山.浙江通史·清代卷（中）[M].杭州：浙江人民出版社，2005：243.

[14]中华人民共和国杭州海关.近代浙江通商口岸经济社会概况——浙海关瓯海关杭州关贸易报告集成[M].杭州：浙江人民出版社，2002.

[15]仲向平.杭州老房子[M].杭州：中国美术学院出版社，2003：85.

[16]仲向平.杭州老房子续编[M].杭州：中国美术学院出版社，2004.

[17]朱金坤.杭州老房子再编[M].杭州：中国美术学院出版社，2007.

5

近代后期杭州城市建设管理制度的发展
（1927—1937 年）

南京国民政府时期，浙江省政府除通过省建设厅及省政府直属部门对浙江省各项建设事业进行管理外，还对下属市县的建设实行管理。1927年，南京国民政府改革地方建置，撤销道制，实行省、县两级制，规定在政治经济上有特殊情形者可酌情设市（周峰，1992）。同年，浙江省颁布文件，规定"杭州、宁波从速组织市政府"（高平叔，1985），杭州、宁波设市。《修正杭州市暂行条例》对杭州市行政范围进行了规定，[①]14条事务中有11项与城市建设直接或间接相关，开展城市建设成为杭州建市后的首要任务。在省政府监督与指导下，杭州设立城市建设管理机构，并制定颁布了各类城市建设管理法规，城市建设管理制度逐渐发展。1928年，南京国民政府还颁布了《市组织法》，

① 杭州行政范围包括："一、市财政、市公债、市公产之管理及处分事项；二、市街道、沟渠、桥梁、公共建筑及其他关于土木工程事项；三、市河道、港湾、码头及船舶管理事项；四、市内公私建筑取缔事项；五、全市公私土地测量及登记事项；六、市公安、风化、消防及其他防灾事项；七、市户口之调查及统计事项；八、市教育及公共美术与娱乐事项；九、市公益及慈善事项；十、市交通、电车、汽车、电话、电力、煤气、自来水及其他公用事业之经营与取缔事项；十一、市公共卫生事项；十二、市民生计之筹划、救济、市物价之整理，调解社会事业，及工商业之提倡改良、保护事项；十三、中央政府及省政府委托办理事项；十四、其他法令赋与事项。"详见：《修正杭州市暂行条例》，《市政月刊》1927年第1期，第3~4页。

进一步推动城市建设管理进入新的阶段。[①]

5.1 近代后期杭州城市建设发展的推动因素

5.1.1 新政——城市与建筑发展的推动因素

1927年南京国民政府成立后，浙江省政府迅速组织成立，浙江成为南京国民政府的强势统治地带，实行省县两级行政区划，全省辖75县并设置2市（两市为在省县两级之间设立的特别行政区）。新的市制是进行统一城市建设的先决条件，有利于统一管理城市行政与市政建设。杭州作为仅设的两市之一，成为南京国民政府及浙江省政府的重点管辖区域，设市后实行新的行政制度，根据南京国民政府《市组织法》的规定，市政府下设各局、科分管民政、财政、教育、警察、卫生及城市规划与建设等事务。政府职能的完善及各类制度的制定为杭州城市建设提供了制度及实施保障，如土地管理部门落实了土地测量、登记，为城市规划和建设提供前提条件，工务局则成为城市建设各类事务的直接管理部门。

土地管理方面，设市后，浙江省政府及杭州市政府通过土地法规的颁布与实施积极开展土地测量和登记工作。以土地测量为例，设市之前，杭州市并无精确地图，只有1913年浙江陆军测量局测量的杭县地图（比例为1:10000），因为比例问题，不适用于城市规划，而现代城市市政建设如街道沟渠及其他公用设施的设计均需以地形测量为依据，一切公私土地面积及经界测量、土地登记、征收地价税、政府征收土地等工作均需以精确地图为依据，因此设市后工务局的"行政计划纲要"规定"市区的测量"为第一项内容，开始展开对杭州地图的精确测绘。浙江省土地局于1929年7月开始全市土地测量，使用目的不同，地图的比例也各不相同（杭州市政府秘书处，1937）。通过精确的土地测量，市县及各区的疆界，市区的面积、地势、地形、地目

---

① 《市组织法》规定，市行政机构为市政府，设市长1人，下设各局、科分管民政、财政、教育、警察、卫生及城市规划建设等事务。

及水利交通的情形等得以明确，为城市规划的制定及土地的利用提供了依据，为城市建设顺利开展创造了良好的条件。

工务局作为城市建设的直接管理部门，在设市后着力于实施路线签订、建筑许可证申领、取缔违章建筑、取缔危险建筑、考核制图者及建筑业等制度，加强了对城市市政建设与建筑活动的管理，为城市建设的开展提供了保障。以路线签订（即道路红线与建筑红线的划定）为例，1928 年起，由于路线签订"对于路政设施，关系至巨"，工务局规定房屋建筑应由业主绘送建筑图，同时在实地签订路线外还需在建筑图纸上划签"红线"，1929 年之后还需绘送"路线请勘图"，经"签限"后才可绘制建筑图纸，逐步加强对建筑红线的控制①。先划定城市道路红线，再划定建筑红线，这已经是一种自上而下进行用地控制的现代城市规划理念。建筑许可证的申领也是一项重要的建设制度，对现代城市建设具有重要意义，设市后工务局多次修订杭州的建筑规则，逐步完善建筑许可证制度，不断规范对建筑活动的管理。关于建筑许可证申领、取缔违章建筑、取缔危险建筑、考核制图者及建筑业等内容在后文杭州建筑法规中将详细论述，在此不再赘述。

5.1.2 省会——政治地位引发的城市与建筑的快速发展

作为省会城市，杭州是浙江省的政治中心，其重要的政治地位导致省政府对杭州城市的建设与发展更为重视，相对于宁波而言，省政府对杭州城市建设投入了更多技术力量并加强了各方面的管理。省政府为发展杭州市政，专门于 1930 年组织了杭州市市政设计委员会。除技术指导外，省政府还直接组建技术力量落实一些具体的工作，杭州市区土地测量便由浙江省土地局办理。总而言之，通过技术指导及介入实施，省政府的举措促进了杭州城市建设的发展。

除了政府导向外，基于省会城市的政治影响力，杭州也成为全省经济、文化的中心，集聚了全省重要的政治、教育及文化机构。以教育机构为例，《民国时期杭州》写道："我省（浙江省）的高等学校几乎都集中在杭州。"（周

---

① 杭州市档案馆：《民国时期市政府档案史料汇编》，1990 年。

峰，1992）南京国民政府成立之前杭州就已开办了多所高等学校[①]，南京国民政府时期，杭州高等教育进一步发展，包括浙江大学（1927）、国立艺术院（1928）、浙江医药专门学校（1931）、国民党中央航空学校（1930）等学校都发展起来，杭州进一步成为全省高等教育的中心。

上述学校中，浙江大学于1929年6月成为直属国民政府教育部的高等学府，国民党中央航空学校是中国近代规模最大、组织健全、管理最严格的航空专业人才培训基地，具有较大影响力。这些高等学校的汇聚，直接带动了当时杭州教育类建筑的发展，一些院校在发展过程中不断扩大校园规模，图5-1为1934年杭州大学路浙江大学工学院学生宿舍。可以看出，当时的浙江大学已具有一定的规模，校舍平面多为长条形，坡屋顶。浙江省立医药专科学校（1931年建）也于1933年在原有校舍的基础上增建了附属医院，到1935年，校址拓展到80余亩（约5.33ha），增筑房屋达10余幢。而国民党中央航空学校（1930年建）不仅建成了校舍，还建了机场。

图5-1　1934年浙大工学院学生宿舍

资料来源：浙江大学建筑工程学院：《浙江大学土木工程学系系志》，2007年。

[①]　主要包括开办于清末的杭州师范学校、之江大学以及辛亥革命后开办的学校，如1912年成立的浙江医学专门学校、1911年创办的浙江体院专门学校、1920年开办的浙江公立工业专门学校、1924年开办的浙江公立农业专门学校等。参见：周峰：《民国时期杭州》，浙江人民出版社1992年版，第416页。

　　除高校本身的校舍建筑外，高等学校还在一定程度上带动了其周边区域的发展，如国民党中央航空学校进驻笕桥后，建起了一批办公、居住建筑，使位于杭州市郊的笕桥有了一定程度的发展。图5-2所示为当时航校周边所建的居住建筑群。可见，高等学府的建造对于城市用地的扩张、建筑的发展均起到了一定的促进作用。

图5-2　初建时的醒村

资料来源：仲向平：《杭州老房子》，中国美术学院出版社2003年版，第258页。

　　除高等学校外，南京国民政府时期，杭州还汇聚了省立、市立民众教育馆、浙江省图书馆、省立西湖博物馆、省立体育场等文化机构，这些机构的馆舍建筑如浙江图书馆大学路馆舍、省立体育场等皆为现代文化教育建筑，是当时较有代表性的新建筑。事实上西湖博览博会（简称西博会）也正是基于杭州重要的经济、文化定位才落脚杭州，下文将对西博会展开专门论述，在此不再赘述。

　　总体而言，作为省会城市的杭州，集中了浙江省政治、经济、文化各类机构，伴随着机构的发展和建设，城市公共建筑得到发展，并由此带动了城市各类设施的建设，在一定程度上推动了近代杭州的城市建设现代化进程。

且由于政治机关、高等学府的集中，杭州汇聚了一批高素质人才，间接促进了城市的建设和发展。

5.1.3 西博会——城市建设的重要事件

设市后不久，浙江省政府为"奖励实业、振兴生产"，决定在杭州开办西湖博览会，1928年10月成立了筹备委员会，1929年6月6日开幕，整个博览会耗资约33.75万元，征集展品147600件，持续展出137天（周峰，1992）。以"1929年杭州西湖博览会为嚆矢，以'博览会'命名的中国博览事业在中国正式开启"（乔兆红，2003）。西博会的举办，促进了杭州近代博览建筑的发展，带动了杭州工商业、旅游业的发展，进而促进了商业建筑的发展，同时也在一定程度上推动了近代杭州城市市政建设的进一步发展。

首先，一批围绕西湖博览会的博览建筑及设施建造起来，在当时，整个西湖博览会设8个馆、2个所及3个特别陈列处，其中博览会大门、大礼堂、工业馆、纪念塔、博览会桥、音乐亭、跳舞厅等建筑及设施设计大胆新颖，应用新建筑技术且将中西建筑形式及元素融合在一起，独具特色。博览会大门由当时中国的知名建筑师徐暨漂设计，内侧用平面图案表达中国牌坊的斗栱、梁枋，但正立面采用了"装饰艺术"（Art Deco）风格，进行体块组合和母题重复，实现了中西的融合。又如博览会工业馆采用了现代工业建筑的大空间形式，预备闭会后留作工厂使用，体现了建筑师对会展建筑后续利用的考虑。场馆采用了当时国际流行的展馆风格，中部设天井，利于采光和安排参观流线（费文明，2007）。作为中国传统城市所没有的建筑类型，西博会博览建筑开创了中国博览建筑的历史，走在全国前列，对于当时中国博览建筑的发展具有重要意义。

其次，西湖博览会的举办带动了杭州商业、旅游业的繁荣，也从侧面进一步推动了城市建设与建筑事业的发展。博览会的参观者有全国各行各业代表，海外商人、华侨团体及美、日、英、朝鲜等各国考察团，人数达到2000余万，带来了商机，博览会通过"人流""物流"及会场建设，拉动与之相关的交通、饮食、商店零售、建材等行业的发展（章开沅等，2011）并间接推动了商业建筑、娱乐建筑的建设与发展。西博会在 6 处开设了临时商场，设商号 86 个，入驻商店达 66 家，西博会百艺园、电影院、剧场等娱乐建筑和设施建造起来，这些娱乐设施边上还建造了许多茶肆。游客的到来也刺激了西湖周边饮食业、旅馆业的发展，间接带动了这一类商业建筑的建造。

最后，西博会的召开也在一定程度上促进了城市市政建设的发展。博览会期间，杭州的公共汽车发挥了很大作用，刺激了经营者的积极性，因此城市公共交通得到进一步发展。会后不久，永华汽车公司出资浇筑了新市场至灵隐的柏油马路，并在迎紫路及青年路口添设了站亭（周峰，1992）。

总体而言，1929 年西博会的召开，是浙江及杭州近代历史上的重要事件，对于城市建设起到了一定的推动作用。

5.2　杭州城市建设管理机构及其沿革

5.2.1　杭州市工务局及相关委员会

1927 年杭州市政府成立后专设工务局管理城市建设工作，《修正杭州市暂行条例》（1927 年）规定，工务局"掌理规划市街道，建设及修理道路、桥梁、码头、沟渠、水道、港湾，测量全市公有私有土地，经理公园并各种公共建筑，整理市交通、电力、电话、自来水、煤气及其他公用事业，取缔各种房屋之建筑及其他关于市土木工程事项"[①]。与浙江省建设厅一样，杭州市工务局的组织架构可以从两个视角去进行拆分，即行政及管理体系与技术及监督体系架构，行政及管理体系由下设各科室组成，技术及监督体系由相关委员会组成。

5.2.1.1　"行政及管理"体系架构

1927 年成立之初，杭州市工务局下设四个科室，即总务科、设计科、建筑科及取缔科。

其中，设计科主管工程设计事宜，包括调查、测绘及计划等事项，建筑

---

① 《杭州市政月刊》，1927年第1期。

科主要负责工程实施及工程监督，建筑取缔则由取缔科负责（见图 5-3）。

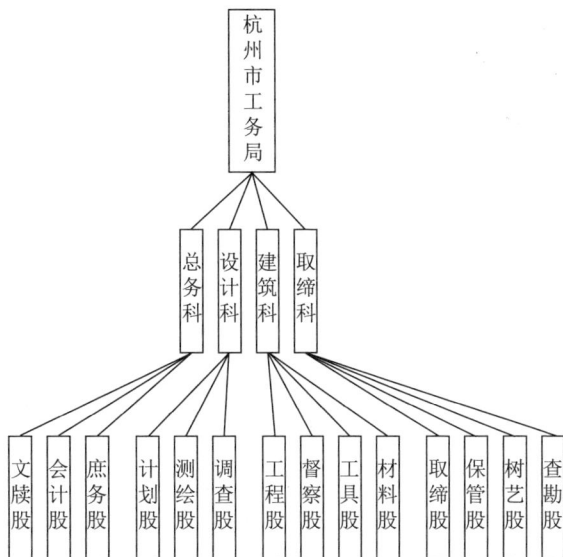

图 5-3　1927 年杭州市工务局组织机构

资料来源：杭州市档案馆：《民国时期杭州市政府档案汇编》，1990 年。

　　1929 年 4 月，杭州市工务局从四科调整为五科（见图 5-4），机构分工进一步细化。第一科仍为总务科，第二科侧重于工程前期设计管理[①]，第三科侧重于工程实施过程的管理，[②] 第四科主要负责取缔，[③] 第五科管理各类公用事

---

① 第二科负责事项包括：（1）规划市街道、沟渠、堤岸、桥梁的建筑，以及市河道、港务和其他土木工程；（2）关于测量、制图、印刷及保管仪器、图籍、标本事项；（3）关于清丈公有、私有地产事项；（4）关于各种工程估价及投标事项；（5）关于西湖设计事项。

② 第三科负责事项包括：（1）关于建筑监造市街道、沟渠、堤岸、桥梁、市河道港务及其他土木工程；（2）关于修理及保养已成各种市有工程事项；（3）关于保管工具事项；（4）危险建筑拆除。

③ 第四科掌管事项包括：（1）关于取缔市内公私各项建筑工程及发给凭照事项；（2）取缔妨碍交通及侵占公有土地的建筑物及堆积物；（3）取缔商办各种公用事业之有碍工务事项；（4）保管古迹及在美术上有价值的建筑物；（5）花木树艺及公园管理事项。

业。① 与初期相比，增加了专管公共事业的科室，各科职能更为清晰。

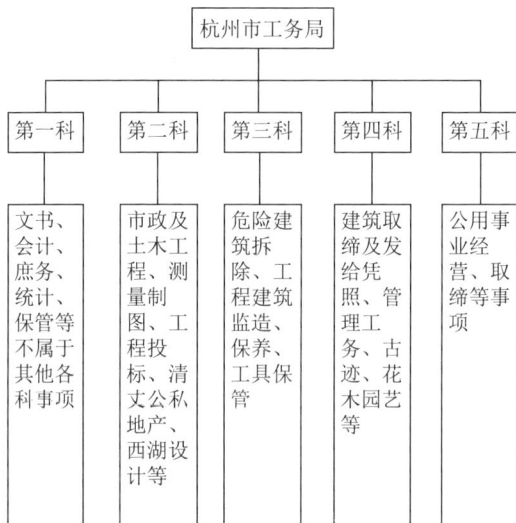

图 5-4　1929 年 4 月杭州市工务局组织机构

资料来源：杭州市政府秘书处编辑室：《杭州市政府现行法规汇编》，1930 年，第 20—22 页。

1931 年 9 月以后，由于市政府组织缩编，工务局改为工务科，分为四股：第一股主要负责设计、建造、概预算等；第二股负责材料管理；第三股负责建筑取缔、名胜古迹管理；第四股负责公用事业管理。由局变科，杭州城市建设管理机构行政组织缩减，原本分开设置的设计与建造科室合并为一股，虽未减少相关的管理职能，但其分工明显不及此前局级机构细致明确，在机构设置上呈现出一定程度的倒退。

在人员设置上，工务局所聘请的公务人员，受教育程度普遍较高，其中不乏具有专业背景的专门人员。到 1936 年，工务局共有工作人员 57 人，其中大学毕业的有 10 人，专门学校毕业的有 16 人，两者共占总人数的 45.6%，

---

① 第五科掌管内容包括：（1）经营、取缔及监督电气、电话、自来水、煤气及其他公用事项；（2）关于管理及取缔各种汽车、电车、马车、脚踏车、人力车、货车、肩舆大小船舶及其他交通器具事项；（3）检定车辆船舶之驾驶人及发给凭照事项；（4）关于整理路灯、编订路牌及其他交通事项；（5）关于管理及取缔各种广告场事项；（6）关于购置、修理及保管机械事项。参见：杭州市政府秘书处编辑室：《杭州市政府现行法规汇编》，1930 年，第 20—22 页。

此外还有 23 人分别为中等师范、普通中学、职业中学及警务学校毕业[1]。除了各科（股）成员外，工务局（科）设技正、技士若干人，技术人员相对独立，体现出现代城市建设管理机构对技术的重视。自设市后，杭州市工务局（工务科）在市区内建筑道路、疏浚河道、整理西湖名胜、开辟公园、繁荣市政面貌，有效促进了杭州城市各项基础设施建设。

5.1.1.2 "技术及监督"体系架构

与建设厅一样，为落实各项城市建设及技术管理事宜，在工务局行政架构之外，成立了各种委员会，如杭州市市政设计委员会、杭州市工务局技术委员会、杭州市工程查验委员会等，形成了城市建设管理机构的技术及监督体系。各委员会分散在各个行政层级上，有与杭州市政府平级的，也有附设于市政府下设的工务局自身的，当遇到行政及管理体系内不易处理的问题时也可设专门委员会，组织一定的技术力量来解决。委员会分为技术委员会及监督委员会两类。

（1）技术委员会

其一，杭州市市政设计委员会。杭州市市政设计委员会隶属于浙江省政府，是与杭州市政府平行的技术建制。1930 年 9 月 6 日，浙江省政府发布《杭州市市政设计委员会组织章程》，指出杭州市市政设计委员会为浙江省政府发展杭州市市政而设。委员会计划事项包括：关于划分市区经费事项；关于开浚西湖事项；关于杭州市区内商埠之开辟事项；关于杭州市区内马路之开辟及兴筑事项；关于杭州市区内土地测量事项；关于杭州市区内运河水道交通事项；关于杭州市区内其他建设事项[2]。委员会委员多为省市主管部门的负责人及主要技术骨干力量，因此委员会实为技术"顾问团"，并非行政体制内的常设机构。通过名誉任职的形式，政府组织起一支技术力量指导相关工程计划与设计，对城市建设中所遇到的问题实施专门决策，体现了政府对技术问题的重视。

其二，杭州市工务局技术委员会。杭州市工务局也专设了以技术指导为

---

① 杭州市档案馆：《民国时期市政府档案史料汇编》，1990年。

② 《市政月刊》，1930年第3卷第9期。

主要职能的专门委员会杭州市工务局技术委员会。《杭州市政府工务局技术委员会规则》指出"本局（工务局）为研究重大市政工程计划及审查重要技术事项起见特设组织技术委员会"[1]。委员会由技正、技士担任，由局长指定一人为主席。委员会主要负责事项包括：讨论重要设计事项；讨论重要工程修缮事项；审核工务局重大工程计划图案及施工细则事项；审核包工标单事项[2]。

（2）监督委员会

为保证各类工程的实施质量，杭州市政府设置了"杭州市工程查验委员会"。规定工程查验委员会的职能贯穿工程建设的始终，起到了良好的管理监督作用。[3]法规强调，工程计划及期限未经审查决定时工务局不得开始工作，这在一定程度上对工程的设计及准备提出了较高的要求。工程查验委员会在每一次工程查验完毕后都需详细向市政府报告。委员会并会时市长及工务局局长均应出席，委员会可随时调阅市政府及工务局关于工程的一切文卷，因此该机构可视同于独立的监督机构，随时对工务局的工作进行查验，在一定程度上加强了工程的规范管理。

总而言之，各类委员会形成了独立于杭州市行政及管理体系之外的技术及监督体系，对各类工程设计及实施中的技术问题进行把控，促进了城市建设的开展。各类委员会由行政人员领衔，技术人员及专家参与，但非日常工作机构，只针对重要的技术问题进行商讨和监督，这种方式有助于发挥核心技术骨干在技术指导方面的作用，对转型时期的城市建设尤为重要。

5.2.2　土地管理机构

土地管理也是近代城市建设管理的重要组成部分和前置性内容，但杭州市政府成立初期并未设置土地管理部门，直至 1929 年 3 月才增设土地科办理

---

① 《市政月刊》1931年第4卷第3期。

② 《市政月刊》1931年第4卷第3期。

③ 《杭州市工程查验委员会简章》，1928年8月。其中规定委员会的职责主要包括："1.每一工程决定后关于计划及期限之审查；2.工程上关于应用工料价格之检查；3.投标工程关于得标人是否实在之调查；4.工程中关于工料不适合之纠正；5.关于工程完了后之验收。"参见：市政府秘书处编辑室：《杭州市政府现行法规汇编》，1930年，第252页。

土地陈报事宜。此后，土地科也经历了一系列的或废或立的沿革。

1931年1月，土地科被裁撤，相关土地事宜归入财政局第二科管理；1931年9月，财政局改局为科，土地相关事宜又归并财政科第二股接管；1932年，财政科增设第三股，管理土地相关事宜；1934年1月，恢复土地科，将财政科第三股裁撤，原有人员归并，土地科分为三股，第三股内设地价税暨契税征收处，在拱宸桥下设分处；1934年2月，将市测量队经办市区土地发给图照及整理丈绘事宜移交市政府办理，同年3月增设土地图照处，由土地科科长兼领；1936年6月，土地图照处奉令结束，其相关业务归并于土地科，设第四股；1937年3月，土地科改为地政科，将原第三股所掌管的征收地价税事宜归于财政科管辖，另设第三股掌管土地图照事宜。

尽管经历多次调整，机构并不稳定，但南京国民政府时期土地管理机构的设立使杭州城市土地管理与利用开始进入现代化模式，为城市建设的开展提供了前提条件。

5.3 杭州城市建设管理法规的建立与完善

南京国民政府时期，在国家及省属法规的总体框架下，杭州在城市建设管理法规上取得了一定的发展，包括土地法规、市政法规、建筑管理法规、建筑师及营造业管理法规等，本节仅以建筑管理法规、建筑师及营造业管理法规为例进行论述。

5.3.1 建筑管理法规

设市后，杭州市政府制定了相关建设法规，对城市建设进行管理，其建筑法规的发展经历了三个阶段：酝酿期、形成期、完善期。

其一，酝酿期（第一阶段）。设市初期，杭州市政府根据1925年省会工程局制定的《浙江省会工程局取缔建筑暂行规则》，同时参照上海及广州的规则，依据杭州本地情形，先后订立《杭州市工务局取缔建筑暂行章程》（约1927年）、《杭州市取缔建筑暂行规则》（约1927年）。据《杭州市政府十周年纪念特刊》记载，上述两个法规因"人事变迁"并未呈准公布，故而只在实际管理中供办事者参照。1929 年 6 月，考虑杭州为名胜区，需严格限制其建筑物以维护其固有风景，在民政厅厅长的主持下，征集本市专家并邀请德国人舒氏一同拟定建筑规则及设计准则，历时数月，制定 244 条的《杭州市取缔建筑规则》（即《杭州市取缔建筑暂行规则草案》）①，并将 1928 年所订《杭州市取缔西湖建筑规则》的相关内容融入。但规则制定后恰逢浙江省政府改组而未能正式实施。

其二，形成期（第二阶段）。20 世纪 30 年代初期，杭州市工务局发布《杭州市建筑须知》（1931 年），同时改组后的工务科根据之前所订立的各种有关章则，并"参考京、沪成规"，重新订定《杭州市建筑暂行规则》，于 1932 年 12 月呈准省政府公布施行，这是第一个比较全面的正式呈准施行的建筑规则（以往制定的各类规则实质上也一直在执行，只是未正式颁布），是对主流城市建筑规则学习的结果。该规则到 1934 年屡经修改后重新公布，即《修正杭州市建筑规则》。

其三，完善期（第三阶段）。到 20 世纪 30 年代中期（1936），政府又根据杭州城市的变化及规则实施情形，对规则进行修改和增订，1937 年 2 月呈准修正，颁布《杭州市取缔建筑规则》。

从 1927 年至 1937 年，杭州市制定的建筑法规约为 11 项。从单项规则的陆续修订到完整法规的出台，南京国民政府时期的杭州建筑法规经历了一个不断发展完善与修订的过程。

5.3.1.1 酝酿期（第一阶段）——设市初期对法规制定的探索

设市初期，杭州市政府对建筑管理法规进行了多轮修订，笔者虽未能收集到《杭州市工务局取缔建筑暂行章程》（约 1927 年）、《杭州市取缔建筑暂行规则》（约 1927 年）的规则原文，但从《杭州市取缔建筑规则》（即《杭州

---

① 《杭州市志（第四卷）》城乡规划篇提到1929年6月杭州市政府修订的建筑法规为《杭州市取缔建筑规则》，该规则此后发展成为1932年、1936年正式颁布的建筑规则。在高介华所著《中国近代城市规划与文化》中提到1929年6月至1930年8月杭州修订了《杭州市取缔建筑暂行规则草案》，从时间上看，应为同一个法规。

市取缔建筑暂行规则草案》）（1929）的部分条文可大体获知当时建筑管理法规的部分内容。从法条内容看，法规已形成了城市规划层面、建筑审批制度、建筑细节措施、西湖建筑等方面的规定。

其一，城市规划层面的规定。高介华指出："《建筑规则》中，关于建筑控制的内容主要有：道路宽度限制、建筑高度限制、建筑面积限制、建筑线控制、里弄或里巷或里衢的街廓控制及用地分区控制等，隐藏着城市规划控制中的建筑密度概念、容积率概念、街道规划及建设概念以及用地分区规划及其控制概念。"（高介华，2008）从《杭州市取缔建筑规则》（《杭州市取缔建筑暂行规则草案》）（1929）的内容来看，当时已经初步形成了建筑控制的法规框架。"建筑通则"一章中，对"分区"进行了规定，指出"本市应先就繁盛地方划分左列各区（甲）住宅区；（乙）工业区；（丙）商业区；（丁）行政区；（戊）风景区；（己）混合区"[1]，将城市功能进行分区，是城市规划层面的规定。关于"建筑地位"的规定中，对建筑与道路关系进行了说明，指出"凡沿公路建筑者，其建筑之界限，须与市区规定之建筑线相齐"[2]，"在尚未规定建筑线之地段建筑者"，建筑"应离公路路沟三公尺（3米）"，没有路沟渠时"应离公路边线四公尺（4米）"[3]。规则还指出公路、公园或其他空旷公地须经工务局特许方能建造建筑，突出了对城市公共用地的管理和重视。规则还通过对"建筑面积"的规定对建筑密度进行限定[4]，根据建筑占地面积的比例形成控制。对各分区内的建筑层数也有规定，如"甲种房屋不得高过二层"，"乙种房屋不得高过三层"。建筑高度方面，"沿公路建筑物之高度不得过该路之宽度，但其公路之宽不满六公尺（6米）者，建筑物之高度不得过该路宽度之一倍半。沿公路之建筑物高过二层时，其后面不沿街之建筑物不得超该建筑物之高度"[5]。对建筑高度加以控制，一方面是城市道路规划的需要，此外也对建

---

① 参见《杭州市取缔建筑规则》，1929年，第25条。

② 参见《杭州市取缔建筑规则》，1929年，第33条。

③ 参见《杭州市取缔建筑规则》，1929年，第34条。

④ 参见《杭州市取缔建筑规则》，1929年，第38条。

⑤ 规则原文指出："（甲）建筑正屋不过二层者，其面积不得过全部基地十分之三；（乙）建筑正屋不过三层者，其面积不得过全部基地十分之四；（丙）建筑正屋不过四层者，其面积不得过全部基地十分之六。"

筑容积率进行约束。可见"建筑通则"部分的重点之一是从城市规划层面对建筑活动进行总体控制。

其二，建筑审批制度。《杭州市取缔建筑规则》（《杭州市取缔建筑暂行规则草案》）（1929）详细规定了建筑执照、建筑许可证及建筑报告的相关内容，是建筑审批程序的具体规定。

其三，建筑细节措施。规则对建筑细节措施进行了较详细的规定，如对于建筑消防措施，第35条指出，建筑物深度距离前后公路边线在25米以上时应设置逃生通道；129条规定，"凡里衖之墙壁，须用不燃材料并不得建造过街楼"。

其四，西湖建筑。规则还将1928年颁布的《杭州市取缔西湖建筑规则》纳入，实现了对风景区建筑的特殊控制。《杭州市取缔西湖建筑规则》针对西湖周边的建筑，进行了特定的法规控制，旨在保护西湖风景，对沿湖建筑的密度、建筑高度等均进行限制，同时注意景观视线的连通及建筑形式的美观。[①] 该规则的颁布在一定程度上贯彻了现代城市规划中关于城市风景区的规划及控制内容，体现了西湖对于杭州城市规划与建筑发展的影响，具有一定的进步意义。

《杭州市取缔建筑规则》（《杭州市取缔建筑暂行规则草案》）（1929）的制定对南京国民政府时期杭州市的建筑法规发展具有重要意义，虽现有史料不足以分析规则完整内容，但从上文分析看，规则已经展开了对现代建筑管理

---

① 从《杭州市取缔西湖建筑规则》的条文内容看，沿湖建筑所受限制较一般建筑多，此类限制主要体现于建筑与西湖的位置关系上，沿湖湖堋修筑须先报工务局勘定界限，发给许可证后才能建筑，防止侵占湖面；建筑退后湖面的距离，距离湖堋为20米，退后的距离一则为修筑公路做准备，一则防止建筑遮断湖景；紧贴湖岸建造的建筑物翻造时应按规则缩让20米。规则还对特定区域的土地利用进行控制，出"孤山全部关于私有土地市政府预备依法征收建设大规模之公园，自本规则公布后禁止一切建筑"，通过征收土地的方式将私有土地一并管理利用，有利于风景区的景观开发。此外，西湖周边建筑应避免遮挡风景，因此规则指出"凡建筑地点如有遮蔽名胜或风景者禁止建筑"，同时在建筑高度上了以控制，"沿湖及临湖山上建筑物之高度以不遮蔽名胜或风景为限"。在建筑风格上，规则指出建筑"外表装饰应采取东方风景式（如本国宫殿亭榭等古式）或西方建筑如Bungulow及California等式，务须注意美的方面"，因此对设计提出了较高的要求，规定此类建筑应绘具图样交由工务局审核。对于西湖周边原有建筑，工务局需进行整理，如"及时粉刷整齐"，如认为有碍风景的，可"酌量情形指令业主修改之"。为保护西湖水域，规则还指出沿湖建筑者"应设备窨缸及粪池"，避免任何污水流入湖内。参见：市政府秘书处编辑室编写的《杭州市政府现行法规汇编》，1930年，第246—247页。

的探索，将现代城市规划理念、消防疏散规范的内容纳入法规，已经形成了城市规划层面的总体控制、建筑审批制度、建筑细节措施及西湖专门建筑等方面的规定。此外，法条数量为 244 条，超过之后正式出台的《修正杭州市建筑暂行规则》（1932）的 225 条，与《杭州市取缔建筑规则》（1936）的 248 条接近，表明规则已具有一定的篇幅，已达到一定的广度及深度，基本形成了杭州市建筑管理法规的基本框架，为此后的法规修订奠定了坚实的基础。

5.3.1.2　形成期（第二阶段）——20 世纪 30 年代初正式规则的出台

1932 年 3 月，《杭州市建筑暂行规则》颁布，成为南京国民政府时期杭州市正式颁布的第一个建筑法规。在此之前，1931 年，杭州市工务局发布《杭州市建筑须知》，已就建筑许可证领取[①]、建筑退让[②]、防火墙[③]、出入口[④]、天井设置等进行说明。该"须知"并不是严格意义上的建筑管理法规，只是以公告

---

① 《杭州市建筑须知》规定了必须领取建筑许可证的情形包括：（1）起造地面或地下各种房屋、避雷器、公用厕所、埠头、下水设备、电光广告以及其他关于市容或公共安宁之各工程；（2）改造业已建完建筑工程的重要部分，如房屋墙垣、梁柱、屋顶及伸出屋外的建筑（阳台等）、向街道开启的门窗及其他钢铁构造；（3）变更已完成建筑的用途及对建筑用途有特别规定的（如装设工业机器、储藏易燃物料等）；（4）修葺房屋，但油漆、粉刷、盖漏及装拆内部装修等不在此限；（5）轻质材料搭建的临时茅屋棚厂等，或在政府特别指定为市民居住的公共场地上的建筑物；（6）除由工务局通知之外的拆卸工程；（7）临街建筑雨篷建造。参见：《杭州市建筑须知》，《市政月刊》1931年第4期，第15—16页。

② 按照工务局的规定，市民拆造沿路墙垣、破旧房屋更换梁柱、修葺房屋、沿街市房拆装门面及各新建筑物均需按照规定路线进行退让。此举是为实现道路的拓宽，即旧有建筑一旦有修理，工程工务局便令其后退，而新建建筑则在建造之前就实现建筑的后退处理，工务局通过许可证发放实现上述管理。为实现建筑退让，工务局规定凡围墙内建筑房屋，建筑物的最外边与围墙间不满5米时，围墙须按照规定路线拆除让进。

③ 关于防火墙的规定是建筑消防控制的重要组成部分，《杭州市建筑须知》指出，防火墙的厚度及高度针对不同的情形有不同的要求，以三户毗邻的建筑为例，建筑2层，进深在30尺（10米）以上的，甲户应在外边建筑实叠砖墙，楼下厚15吋（0.381米），楼上10吋（0.254米），甲户与乙户毗连一边又需再筑一实叠砖墙，楼上楼下皆为5吋（0.127米）；乙户与甲户毗邻一边，须筑一实叠砖墙，尺寸与甲户外边墙相同，与丙部毗连一边，则筑一实叠砖墙，楼上楼下皆为5吋（0.127米）；当建筑进深在30尺（10米）以下的，甲户的外墙为10吋（0.254米），楼上楼下相同，与乙户毗连之墙，厚5吋（0.127米），楼上楼下相同，丙丁各户，办法相同；当甲乙两户商得同意于毗连处合筑公墙，楼下厚15吋（0.381米），楼上10吋（0.254米），则可省去一道5吋（0.127米）墙，规定甲户的15吋墙与乙户的15吋墙，两下距离不得超过18米，街道转角处左多不得超过27.5米；平房的防火墙规定用10吋（0.254米）实叠砖墙或2呎（0.667米）厚泥墙。防火墙在一般情况下不得开任何门窗，如开窗则需满足特定条件：（1）墙外永远留有空地3米以上的；（2）装置铁质窗格，并配置约0.1米厚的铅丝玻璃者；（3）建筑所装的门，在5.2平方米以下，为防火材料构造，遇警能自行关闭的；（4）有特殊情形，经工务局特准的。

④ 对于建筑出入口设置，《须知》指出房屋应有后门与出路，当建筑沿街建造，高度不超过两层，进深不超过9米，宽度不满18米时可酌情予以变通。

的形式由政府发文告知市民遵守，但还是带有一定的强制执行的意味。从条文内容看，建筑许可制度的实行保证了城市建设管理机构（工务局）的建筑管理"审批权"。对建筑尺度的控制、避免和控制火灾的要求、建筑疏散、设计中兼顾创造性与安全性等规定已经初具建筑规范的雏形。这些规定可视为简易的建筑规则，在正式规则出台之前工务局以此管理市区的建筑活动，其内容在此后正式规则中均有体现。

1932年3月，《杭州市建筑暂行规则》颁布；同年8月，工务局公布《修正杭州市建筑暂行规则》（以下简称《规则》），对个别条款进行了修正。《修正杭州市建筑暂行规则》共有225条，共9章（见表5-1）。法规开篇便指出法规的适用范围，规定杭州市内公私建筑物起造、改造、修理、拆卸等均应依照该规定执行，同时强调市内公路、沟渠等设备尚未完备之处也需依照规则酌情办理。杭州市的下水设施建设较缓慢，迟至1933年才有完整的杭州城区沟渠计划[①]，在那之前均需依据与此相关的法规进行管理，建筑规则便是其中之一。与浙江省政府发布的主要针对县城建筑管理的《浙江省各县城厢建筑取缔暂行规则》（1934）相比，《杭州市建筑暂行规则》（1932）内容更为详细，增加了结构设计准则、新建筑类型的专项技术细节措施等规定，同时将防火与疏散内容从建筑细节措施中独立出来列专项进行阐释。其作为现代建筑法规的主要特点体现在6个方面：（1）对建筑审批制度的阐释；（2）对城市规划层面的总体控制；（3）建筑细节措施规定；（4）结构设计准则；（5）防火及疏散专项规定；（6）新建筑类型专项技术细节措施。

表5-1 《修正杭州市建筑暂行规则》法条内容

法条	法条类别	内容摘要
第1条至第36条	总纲	1.适用范围；2.请证手续；3.征费额；4.建筑时之责任；5.罚则；6.取缔危险建筑物
第37条至100条	建筑通则	1.高度；2.建筑面积；3.突出公路之建筑物；4.地面做法；5.墙基；6.墙身；7.拱圈及砖柱；8.防火墙；9.屋面、楼面、烟囱及杂项建筑；10.阴沟
第101条至160条	设计准则	1.泥土载重力；2.屋面.楼面之载重；3.风力；4.砖石木料之载重；5.钢筋水泥混凝土；6.钢铁工程

[①] 具体可参阅《杭州城区沟渠计划书》，《市政月刊》，1933年第1期。

续表

法条	法条类别	内容摘要
第161条至177条	防火设备	1.规则适用范围；2.防火材料规定；3.不同材料.部位的防火构造要求；4.防火门.窗构造要求；5.太平门构造要求；6.太平梯构造要求；7.楼井及升降梯构造要求；8.消防设备安装要求
第178条至184条	旅馆、公寓、医院、校舍等建筑物	1.建筑高度与防火材料应用；2.太平门、太平龙头等消防设备、公用厕所等设置要求；3.小学校舍规定
第185条至206条	戏院、影戏院及其他公众集合场所等建筑物	1.防火构造规定；2.建筑疏散要求及相关构造规定；3.观众席构造要求；4.防火墙；5.化妆室设置要求；6.布景储藏室墙体.地板构造要求；7.电气设备安装要求；8.卫生设施要求；9.电影放映室设置要求
第207条至213条	货栈、工厂、商店及办事处所等建筑物	1.防火构造规定；2.建筑疏散要求及相关构造规定；3.卫生设施要求
第214条至223条	西湖风景区建筑	关于西湖风景区建筑的附加要求
第224条至225条	附则	法规颁布的官方说明

资料来源：《修正杭州市建筑暂行规则》,《市政月刊》1932年第5期，第16-36页。

（1）建筑审批制度的阐释

建筑许可证的领取作为建筑审批管理的重要手段，是《规则》的重要组成部分，总纲中就许可证领取的相关手续及收费情形做出了具体规定，凡是起造、改造、修理、拆卸建筑物均应向市政府领取许可证后才能动工。建筑许可证的申请有一套严格的程序[1]，分为购买路线请勘单、呈交路线请勘图[2]、划定红线、绘制建筑图[3]、审核等步骤。从路线请勘图和建筑图的绘制要求来看，

---

[1]　规则指出，在起造、改造、修理建筑物时业主应在开工前30日内向市政府购买领取路线请勘单，填写盖章后连同路线请勘图呈给市政府，市政府据此在建筑地点勘丈、签定建筑地界桩并在路线图上依据所签限度划入红线，确定建造范围。业主领取核准路线图后需依照签订的界限范围绘具建筑图连同之前发放的核准路线图呈交市政府审核，审核通过可领取建筑许可证，重要工程还需呈送计算书一份。

[2]　路线请勘图的绘制需要注意下列问题：（1）路线请勘图比例尺不得小于1/500；（2）路线请勘图需实测地形并注明四面路里名称及四周毗邻房屋的凹凸形式；（3）建筑地基需绘制平行线以资识别并注明尺寸和方向；（4）注明业主姓名、住址及建筑地之地址与土地执照号；（5）注明建筑师或绘图员的姓名、登记号及证书号；（6）其他便于查询的各项信息。

[3]　建筑图的绘制要求包括：建筑物的基础、平面、楼面、房屋正面、侧面及剖面图所用比例尺均不得小于1/100；建筑物各部分的用途、各部分尺寸、构造及材料均需注明；改造工程需将旧屋材料用虚线绘制并注明尺寸；需标明业主姓名、住址、建筑区域地名、建筑师或绘图员的姓名及其登记号、证书号；图纸上应标明各图所用比例尺、新旧沟渠、厕所、窨井的地位、大小及出水方向；应具备钢筋混凝土及木架等构造计算书。

其样式、表达方式等均已接近现代图纸设计要求，对设计人员提出了一定的专业技能要求，因此业主必须聘请建筑师或绘图员完成设计图纸，工务局也要求相关文件均应记录建筑师或绘图员的登记号及证书号，从一定意义上确定了建筑师（绘图员）在建筑活动中的地位。

为保证建筑许可制度的实行，《规则》还制定了一系列措施，以保证"按图施工"及"按时施工"。施工中应完全遵守已经核准图样上的尺寸、结构用途、材料等设计要求，不得随意改动，必须变更时需由市政府审核，合格后方准动工兴建，保证按图施工。关于按时施工，《规则》规定业主领取许可证后应在 3 个月内动工，超过期限应呈请展期，否则许可证作废。除此之外，《规则》还就许可证所具有的法律效力、施工中的搭建物①、下水设施②、建筑取缔③等进行了阐释，如关于许可证的法律效力，《规则》指出许可证不可作为产业所有权的证明，也不能解除或减轻工匠及业主在施工时发生危险事故时应负的责任。在施工过程中如违反杭州市建筑规则，政府可饬令停止施工并暂时吊销建筑许可证。

（2）城市规划层面的总体控制

《规则》的第二个重点是城市规划层面的总体控制，第二章建筑通则中对建筑高度、建筑面积、里弄宽度、突出公路的建筑物等的规定从城市规划的层面对建筑控制提出要求，隐含着容积率、建筑密度等现代城市规划概念。

"建筑高度"④主要由两方面因素决定，一是建筑与道路关系，二是建筑结构体系。对沿马路的建筑，总体上规定其建筑高度不超过街道宽度的 1.5

---

① 施工时，临时搭建构筑物不得占用公路（包括人行道）超过0.75米，不准堆积物料阻碍交通、妨害行人安全，搭建物于工程结束后或许可证到期后应即拆除，所有物料应一律清除。

② 下水设施如接通公沟及修建人行道等由业主出资请市政府办理，业主不得擅自动工。

③ 凡建筑的一部分或者全部有危险时，经市政府查勘认为危及公众或居住者安全的，应依照规则通知业主限期修理或拆卸，违者由市政府强制执行，费用向业主追缴。

④ 《规则》中所指建筑的高度以路面至屋檐为准，如屋面上另有附属建筑物超出屋顶面积的3/10时，其建筑高度以附属建筑物的屋檐为标准。

倍①。建筑所采用的结构方式在一定程度上限制着建筑的高度，《规则》指出建筑四周用砖墙实砌且内部材料不足以防火时，建筑高度不得超过 15 米，当建筑物用钢铁、"钢骨水泥"或规定的防火材料建造时，其建筑高度可达 25 米（公共建筑经市政府特许的不受限制）。

在"建筑面积"一节中，《规则》对建筑与周边道路关系进行了规定，在一定程度上体现出建筑总平面设计的要求。如建筑沿马路建造且深度在 7 米以内时，所划定地基可全部作为建筑面积，除此之外，一切建筑物的占地面积不得超过基地的 50%，剩余基地应作为天井、里弄，除去围墙之外业主不得添建任何建筑物，即通过建筑占地面积的规定对建筑密度进行控制。在建筑面积计算上，出挑的阳台、平台、有玻璃天棚的天井均计入建筑面积②。

里弄的宽度依据建筑高度及周边情况予以规定③，《规则》从现代建筑消防与疏散的角度考虑建筑使用的安全问题，并依据建筑的密度和数量确定里弄宽度④，如跨度在 4.5 米且有房屋 30 幢以上时，至少需有两条出路与马路连通，基于疏散要求，任何房屋均应有后门并出路等。

基于使用安全的考虑，规则还对建筑物门窗、阳台、屋檐、台阶等突出物进行规定，⑤以具体的数据对建筑突出物的安装予以限定，保证行人的安全，

---

① 《规则》第37条指出："沿马路之建筑物，其高度不得超过该马路宽度之一倍半，如高度逾上项规定时应将上层建筑依一与一点五之比例逐层收进，转角处之建筑物其沿狭路方面之建筑高度以该处较宽之马路为标准，其门面长度约与较宽马路相等，惟不得超过十五公尺。在未展宽或未建马路之街巷，其两旁建筑物之高度得依据计划宽度定之。"

② 如果天井上的玻璃天棚装有摇窗且所占面积为天井面积1/3的，可酌情变通处理。

③ 如二层或二层以下的房屋，里弄两面或一面或前后门相对时，里弄宽度至少为3米，三层楼及三层楼以上的房屋，其前面里弄至少宽4米，后面里弄至少宽3米。

④ 里弄分为总弄及支弄，总弄宽度不得小于支弄，通连里弄在4条以上的总弄宽度至少应达到4.5米。考虑到疏散要求，通行的里弄不得阻塞，当里弄内建筑达到一定数量时，对里弄出口、宽度等均有要求，跨度在4.5米且有房屋30幢以上时，至少需有两条出路与马路连通。里弄内除沿马路两端允许建筑跨楼外不得跨弄搭建任何建筑物，在允许搭建跨楼的位置，跨楼深度不准超过贴连房屋一间的深度，楼板应用钢筋水泥混凝土建造。任何房屋均应有后门并出路，高度不超过两层且基地宽度及深度均不满9米的可酌情予以变通。

⑤ 如沿马路安装的门窗下端距离人行道在2.5米以下时不得向外开启或伸出墙壁之外；沿马路的阳台伸出墙壁时，下端离人行道不少于3.5米并需安装檐沟及落水管，3层楼的阳台应用防火材料构造，马路宽度在8米以上时才准挑出阳台1米，不满8米的不准挑；建筑上的突出美术饰品、可随时收放的遮阳蓬帐等最低部分离人行道面应达到2.5米，遮阳蓬帐不准突出人行道侧石之外。参见：《修正杭州市建筑规则》，《市政月刊》1932年第5期，第20页。

同时统一的界面规定也从城市规划角度对道路界面形成控制。

（3）建筑细节措施规定

建筑细节措施规定是法规的第三个重要部分，是针对建筑各部分构造的具体说明，包括地面做法、墙基、墙身、拱圈及砖柱、防火墙、屋面、楼面、烟囱等。对建筑细节措施的规定体现出现代建筑法规的两个特点：一是对公共卫生问题的考虑；二是对建筑安全问题的重视。

第一，对公共卫生问题的考虑。确保公共卫生是现代建筑法规制定的出发点和动因之一，如建筑应有室内外高差，保证室内地面的干燥清洁，厨房、卫生间地面应做特殊处理等。法规第58—62条就室内外高差、不同部位地面构造做法进行了规定，指出建筑物基地的高度至少应与人行道相等，没有人行道则以路面为准，道路未修筑的地方由市政确定其高度。厨房、厕所、天井、里弄等地面一律规定用水泥混凝土或不易渗水的材料铺设。排水设施的完善也是现代建筑构造的重要内容，规则指出"新建房屋应具有极完备之阴沟以宣泄雨水及污水，其地位及大小均需详载在地盘图上"①，对建筑的下水设施设置进行规定。建筑屋面檐口皆需装设檐沟及落水管，《规则》第94—100条对下水管道材料、口径、连接口密封方式、转折角度及阴井设置进行规定。由于城市下水设施并未全盘规划和建造，《规则》规定普通商店及住宅沟渠通到溪河，有污染的染坊、纸厂、丝厂等需自建污水池储蓄，体现出对卫生问题的重视。

第二，对建筑安全问题的重视。对墙体、屋顶、烟囱等构造的规定体现了法规对建筑安全问题的重视。墙基根据建筑高度及基地差异有不同的做法，墙身分为实砌砖墙及石墙、空斗墙、泥墙等，墙身厚度也根据不同的建筑类型、高度进行了不同的规定，以满足其强度要求。《规则》还专门对公众房屋外墙墙身厚度、厂栈等建筑外墙墙身厚度做出了规定（见表5-2、表5-3）。为保证建筑强度，《规则》对过梁或圈梁的设置提出要求②，规定没有横撑的砖柱高度不得超过柱身最小宽度的6倍，且应用黄砂水泥砌筑。考虑到消防要

---

① 《市政月刊》，1932年第5卷第8期。

② 墙上开大窗时规定应添筑过梁或拱圈，过梁或拱圈应伸入墙身12厘米。

求，规则对防火墙的间距、构造予以规定①，屋面、楼面及烟囱的构造也强调防火、排水等实用要求，屋面应用不能燃烧的材料建造，楼屋、平顶、晒台等需用"钢骨水泥"构造，除临时应用（需经市政府核准）外屋面上不准搭盖任何席棚或竹架、木架，以确保使用安全。

表5-2　普通房屋之墙身厚度

建筑	墙身高度/米	墙身长度/米	第一层/厘米	第二层/厘米	第三层/厘米	第四层/厘米	第五层/厘米
二层高	7.5以下	11以下	25	25			
		11~18	38	25			
		18以上	38	38			
三层高	7.5~12	11以下	38	38	25		
		11~18	50	38	25		
		18以上	50	38	38		
四层高	12~15	11以下	50	38	38	25	
		11~14	50	50	38	38	
		14以上	63	50	38	38	
五层高	15~18	14以下	50	50	38	38	38
		14以上	63	50	50	38	38

表5-3　厂栈等建筑外墙墙身厚度

建筑	墙身高度/米	墙身长度/米	第一层/厘米	第二层/厘米	第三层/厘米	第四层/厘米	第五层/厘米
二层高	7.5以下	11以下	38	25			
		11以上	38	38			
三层高	7.5~12	11以下	38	38	38		
		11~14	50	50	38		
		14	63	50	38		
四层高	11~15	11以下	50	50	38	38	
		11~14	63	50	50	38	
		14以上	76	63	50	38	
五层高	15~18	14以下	63	63	50	50	38
		14以上	76	63	50	50	38

（4）结构设计准则

建筑结构设计准则是法规的第四个重点，针对建筑力学原理对建筑材料

---

① 规定两堵防火墙之间距离不得超过18米，转角处不超过23米，一般建筑应高出屋面0.5米，厂房、戏院等公众房屋至少高出1米，房屋两端及分界墙身应为防火墙。

承载力、建筑楼面屋面的载重及钢筋混凝土结构、钢结构的设计原则等进行规定。《规则》参照西方现代建筑技术原理，通过科学的数据指导建筑设计与建造。如通过建筑材料本身的重量衡量地基承受荷载是否合理，通过建筑屋面、楼面的载重量形成设计参考等。《规则》中提到的"灰浆三合土""煤屑水泥""水泥混凝土""钢筋混凝土""生铁""钢"等均为现代建筑材料及工艺。钢筋混凝土在这一时期开始较广泛地应用在建筑工程中，《规则》对其应用制定了严格的标准，同时规定钢筋混凝土工程应将详细计算书及设计图纸一同上交市政府审核。《规则》对混凝土的成分比例、单位面积能承受的荷载均进行了规定，将混凝土的压力、钢筋的压力、钢筋引力、钢筋混凝土与钢筋的黏合力、剪力一一进行界定（参见《规则》第115条），如混凝土梁的长度规定应以"两端受力点的距离或梁的净长加上梁高"为计算标准，梁的长度不得超过高度的20倍，柱身所载重量偏出柱的中心线以外、柱子的高度超过其最小宽度的20倍或柱子一端或两端与其他构造不相连并有移动弯曲的可能时应计算弯力等。这些规定已与现代建筑结构设计准则极为接近。政府对钢筋混凝土工程有严格的审查标准，如发现任何部分"不合情事"，可不经业主或工程师同意在工程完工两个月后指挥匠目或其他负责人进行试验，试验不合格者可勒令拆除重造。《规则》第132—145条对钢筋混凝土所用各种材料、拌料及浇筑、模板拆卸、伸缩缝要求等进行一一说明，其详细程度足令工匠按章施工。

（5）防火及疏散专项规定

消防及疏散规定是《规则》的第五个重点，专列防火设备一章进行阐释，内容包括对防火材料种类的规定、载重材料的外部防火保护、建筑内防火墙体的做法、防火墙的构造及厚度、木楼板防火构造、防火门做法、防火窗做法、太平门及太平梯的做法与设置规定、消防设施布置、楼梯宽度、踏板高度及深度确定、楼梯井及升降梯井防火做法、消防增压器设置规定、太平龙头装设等，内容全面。《规则》不仅关注建造过程中的消防及疏散设施，同时也关注建筑使用中消防设施的有效运行，如第169条规定"凡规定之太平门及火警出路应直通太平梯或其他出路，过道上不得堆积物件阻碍通行"。①

（6）新建筑类型的专项技术细节措施

《规则》的第六个重点是对新建筑类型的专项技术细节措施加以规定，就不同的建筑类别从消防、安全疏散、卫生设施等方面的不同要求一一进行说明。如小学校舍面积以人均计算，教室采光及通风均有明确规定②，已经类似于当今小学建筑设计规范的要求，对楼梯扶手、窗台高度的限制体现了建筑安全使用的要求。《规则》对戏院、影戏院及其他公众建筑、集合场所等建筑物的规定指出，建筑安全出口的数量应满足下列要求：① 500 人以下的除了进口外需另设太平门两处；②每层人数在 500 人以上的，每增加 250 人应增设太平门一处。依据使用人数对建筑安全出口进行规定，体现出规则制定的科学性。考虑到此类建筑使用人数众多，因此规则对太平门的宽度、建筑过道宽度、楼梯宽度等均有特殊规定。货栈、工厂、商店及办事处所等建筑物中除了强调防火规则外，也提出了具体的疏散要求③，根据建筑面积和使用建筑的人数来确定建筑疏散宽度，体现出规范制定的合理性，与现代设计规范已十分接近。规则还针对西湖风景区建筑进行了额外规定，其相关条例与《杭州市取缔西湖建筑规则》（1928）较为接近。

《修正杭州市建筑暂行规则》（1932）是较为全面的现代建筑规范，其相关规定已经涵盖现代建筑设计的基本内容，分类具体，达到了一定的深度及广度，基本确定了南京国民政府时期杭州建筑法规的总体框架。《规则》体现了现代建筑设计、建造所应参照的技术措施，促使这一时期的建筑活动从设计到施工均满足现代建筑关于卫生、防火、安全等方面的要求，改变了传统的营造模式，加速建筑向现代结构、材料、空间组合方式演进。规则在规范

---

① 《市政月刊》，1932年第5卷第8期。
② 如181条规定"小学校舍不得高过二层楼"，182条规定"校舍内一切楼梯两旁俱应设扶手、栏杆，所有窗盘至少须高出一点零公尺（1米）"，183条规定"教室内应有充分之空气，其楼面高度至少为三点六公尺（3.6米），每一学生所占面积至少平均为一平方公尺（1平方米）"，窗地比规定不小于1/5。
③ 规则规定此类建筑面积超过280平方米的，则楼梯的疏散宽度每百人至少为1.5米宽，每增加一层每百人增加0.15米，如果建筑全部为防火材料构造，则每百人所需宽度为1.0米，每增加一层，每百人增加0.1米，人数以建筑面积算，每人不超过4平方米。

建筑营造市场、明确工务局职责等方面起到了较大的作用，为科学管理奠定了基础。

5.3.1.3 完善期（第3阶段）——20世纪30年代中期规则的改进

《修正杭州市建筑暂行规则》（1932）之后，杭州市又颁布了《杭州市取缔沿路雨棚暂行规则》《杭州市取缔草屋办法》《杭州市建筑之惯例》等补充条例和规定，笔者未能收集到上述三个法规的原文，但据史料记载，这三个规则在《杭州市建筑规则》（1936）颁布后废除。

1936年12月，《杭州市建筑规则》呈准公布施行，内容共248条[①]（见表5-4）。从现代视角看，1936年的《杭州市建筑规则》在此前1932年规则的基础上进一步完善，其章则内容尊重1932年《修正杭州市建筑规则》的大部分内容，仍然具有6个方面的重点内容，即：建筑审批制度的阐释；城市规划层面的总体控制；建筑细节措施规定；结构设计准则；防火及疏散专项规定；新建筑类型的专项技术细节措施规定。与此同时，法规就局部内容进行了修正和扩充，以更好地适应实际管理的需要。以下就1936年规则与1932年规则的差别进行分析。

表5-4 《杭州市取缔建筑规则》（1936）法条内容

法条	法条类别	内容摘要
第1条至第47条	总纲	1.适用范围；2.工程各项程序之承担者规定；3.严禁建筑的范围规定；4.道路转角路线规定；建筑许可证领取相关内容；5.建筑时之责任；6.建筑取缔
第48条至121条	建筑通则	1.高度；2.建筑面积；3.突出街路之建筑物；4.地面做法；5.墙基；6.墙身；7.拱圈及砖柱；8.防火墙；9.屋面、楼面、烟囱及杂项建筑；10.阴沟
第122条至180条	设计准则	1.泥土载重力；2.建筑材料重量；3.屋面.楼面之载重；4.风力；5.砖石木料之载重；6.钢筋水泥混凝土；7.钢铁工程
第181条至198条	防火设备	1.规则适用范围；2.防火材料规定；3.不同材料.部位的防火构造要求；4.防火门、窗构造要求；5.太平门构造要求；6.太平梯构造要求；7.楼井及升降梯构造要求；9.消防设备安装要求

---

① 法规内容共10章：1.总纲；2.建筑通则；3.设计准则；4.防火设备；5.旅馆、公寓、医院、校舍等建筑物；6.戏院、影戏院及其他公众集合场所等建筑物；7.货栈、工厂、商店及办事处等建筑物；8.风景区建筑；9.草屋；10.附则。

法条	法条类别	内容摘要
第199条至205条	旅馆、公寓、医院、校舍等建筑物	1.建筑高度与防火材料应用；2.太平门、太平龙头等消防设备、公用厕所等设置要求；3.小学校舍规定
第206条至226条	戏院、影戏院及其他公众集合场所等建筑物	1.防火构造规定；2.建筑疏散要求及相关构造规定；3.观众席构造要求；4.防火墙；5.化妆室设置要求；6.布景储藏室墙体、地板构造要求；7.电气设备安装要求；8.卫生设施要求；9.电影放映室设置要求
第227条至233条	货栈、工厂、商店及办事处所等建筑物	1.防火构造规定；2.建筑疏散要求及相关构造规定；3.卫生设施要求
第234条至240条	风景区建筑	关于西湖风景区建筑的附加要求
第241条至245条	草屋	1.名称释义；2.使用范围规定；3.管理规定
第246条至248条	附则	法规颁布的官方说明

资料来源：《杭州市取缔建筑规则》，《杭州市政季刊》1937年第5期，第2—34页。

（1）增加对建筑师及营造业的规定

关于规则的适用范围，新规则第3条规定"凡在本市区内声请领证之路线及建筑图样，须由本市登记之建筑师事务所或绘图员办理之"，第4条"凡在本市区内营造建筑物，须由本市登记之营造业承办之"（《杭州市政季刊》第5卷第1期，1937），明确了建筑设计及建筑施工的人员，从制度层面正式落实了建筑活动的"业主—建筑师—营造商"的三元模式，而旧规则中虽在建筑许可证领取手续及路线请勘图、建筑图纸的要求中明确规定应标注建筑师及绘图员的登记号和证书号，却并未有明确条文指出设计相关工作应由登记的建筑师或绘图员承担及工程营造应由登记的营造厂承担，这从一个侧面表明了在城市建设管理过程中，政府对现代化管理思路的逐渐清晰和明确。

（2）建筑审批制度进一步明确

在建筑许可证请领部分，新的规则将许可证明确分为建筑、修缮、拆卸、杂项四种，并对各种许可证的领取程序分别进行说明，较旧规则更为清晰也更具实际操作性，如规定不换梁柱及翻盖屋面等修缮工程可申请"修缮许可证"（但施工时发现须更换梁柱的应即刻停工改照建筑许可手续办理）。路线请勘图的绘制要求也有改变①，比旧规则要求更为详细，也更注重周边建筑及环境的表达。新规则同时还规定路线请勘图发出6个月还未领建筑许可证的，其路线图即做无效处理，充分考虑了周边建设对地块的影响。对建筑设计图纸的规定，新规则指出"钢筋混凝土、钢架、木架等构造及重要砖石建筑物均须有计算书"，"各种图样及说明书除数字外概用中文书写，计算书得酌用西文"，而旧规则只强调"钢铁、钢筋混凝土及木架等构造计算书"，且并未提及图样及说明书格式，表明在几年的法规实施过程中，对相关工程文件的要求在逐步提高。新规则第16条指出"市政府对于新建筑之外观得参酌邻近状况限制之"，即政府已经对建筑外立面实行一定的控制，这在旧规则中也并未体现。新规则就许可证期限的规定也更具操作性，如"视其工程之大小填具完工限期"，工程延期时未经申请延期或延期后仍不完工时，将许可证吊销或停止承包人3个月至1年的营业等。

（3）城市规划层面总体控制内容有所增加

城市规划层面的总体控制问题上，新规则较旧规则在道路相关规定上有所增加，首先明确了市内"规定路线或岸线之内"一律不准建筑，规定了街道相交角度在75度至105度之间的转角建筑线半径与转角侧边石线半径，道路相交角度小于75度或大于105度时由工务科根据地段情形签订（见表5-5、表5-6）。关于"建筑面积"，第54条规定"凡沿路之建筑地其深度在九公尺（9米）以内者，除应留里弄外，得全部作为建筑面积"，较旧规则"深度在七公尺（7米）以内"可全部作为建筑面积的规定略为宽松；第55条指出"建筑物面积平屋不得超过基地70%，二层楼不得超过60%，三层楼以上不得超过50%"②，旧规则为一律不超过50%；对里弄宽度的规定也略有区别，新规则区分得更细致，如"一面后门之里弄至少须宽一公尺半（1.5米）"、通连里弄在四条以上的总弄或弄之长度超过100米、门户有20以上的至少须宽4.5米，而旧规则对宽4.5米的总弄设置条件仅为"通里弄在4条以上"。对突出街路

---

① 新规则中规定应实测街道宽度、毗邻房屋之凹凸形式及营造部分面积，并将"户地图照上的都图号数"及"四至边长亩分"一并注明，同时还应附绘简略交通图、注明附近街路里巷的路径。

② 《杭州市政季刊》，1937年第5卷第1期。

之建筑物的规定，新规则第69条指出"凡檐口滴水不得超出原有基地线之外，惟沿路之屋檐得准挑出檐柱零点五公尺（0.5米）"，旧规则并未提及建筑基地线，只对屋檐出挑墙身的距离进行规定；新规则第73条专门对沿路装置雨篷的规定进行详细说明，如"八公尺（8米）以下之街路不得装置雨篷""平屋不得装置雨篷""进深不满三公尺（3米）之独立房屋不得装置雨篷""雨篷之宽度不得超出人行道并不得超过二公尺（2米）""雨篷须装置白铁落水管通入窨井""在同一街路之雨篷其高度、宽度及式样均须一律"[①] 等，旧规则并未提及上述内容。从内容上看，新规则部分内容更重视从总图关系即建筑与道路关系上实现控制。

表5-5　转角建筑线半径

街路等级 / 街路半径/米 / 街路等级	支弄	公弄	7	6	5	4	3	2	1
支弄	0	0	0	0	0	0	0	0	0
公弄	0	2	3	3	3	3	3	3	3
7	0	3	6	6	6	6	6	6	6
6	0	3	6	6	6	6	7	7	7
5	0	3	6	6	6	6	7	8	8
4	0	3	6	6	6	8.5	8.5	8.5	9.5
3	0	3	6	7	7	8.5	9	9	10
2	0	3	6	7	8	8.5	9	10	10
1	0	3	6	7	8	9.5	10	10	11

表5-6　转角侧边石线半径

街路等级 / 街路半径/米 / 街路等级	支弄	公弄	7	6	5	4	3	2	1
支弄	0	0	0	0	0	0	0	0	0
公弄	0	0	3	4	4	4	5	5	5
7	0	3	6	6	6	6	6	6	6
6	0	4	6	7	7	7	8	8	8
5	0	4	6	7	8	8	9	10	10
4	0	4	6	7	8	11	11	11	12
3	0	5	6	8	9	11	12	12	13
2	0	5	6	8	10	11	12	13	14
1	0	5	6	8	10	12	13	14	15

---

① 《杭州市政季刊》，1937年第5卷第1期。

（4）建筑细节措施、结构设计准则、防火及疏散等规则的微调

在建筑技术细节措施规定方面，新旧规则差别不大，部分数据有微调，墙身部分增加了"房屋界墙不得开辟门窗""沿路墙身不得挖孔出烟或通沟泄水"两条规定，阴沟构造中增加了"新建筑物装置抽水马桶者均须建造化粪池，化粪池不得与阴沟接通"[1]的规定，更加凸显对建筑卫生条件的重视。

结构设计准则、防火及疏散规定等新规则较旧规则均无太大变化，部分规定在施行过程中进行了微调。如设计准则中对泥土本身的重量的规定，新规则较旧规则数值增大；防火设备中增加了"汽车间与毗连房屋须用防火材料隔离之"[2]的规定。

对新建筑类型的专项技术细节措施的规定中，第八章风景区建筑的规定较旧规则更为简洁，新增了"风景区建筑应较普通建筑为幽雅精美并不得采用红砖红瓦""环湖建筑面积不论沿路深度多少，一概不得超过其基地百分之五十"[3]两条规定。新规则第九章草屋为新增章节，规定城区及繁盛区域以内不得搭盖草屋，草屋距离最近道路中心或沿河两旁需达 50 米以上且草屋搭盖需申请杂项许可证等。

总体而言，《杭州市建筑规则》（1936）较 1932 年规则更具操作性，对建筑师参与建筑活动的强调、许可证的分类管理、各类技术细节措施的进一步细化等均体现出其更为明显的现代建筑法规的特点。法规进一步强调城市规划层面的总体控制、卫生及消防安全的有效保障，体现其保护公共卫生与安全的法规制定初衷。各类技术细节数据的确定为工务局有效管理日益增多的建筑营造活动提供了更详细的标准，促进了杭州近代建筑的现代转型。

5.3.2　建筑师及营造业管理法规

建筑法规的颁布对建筑建造的规范性提出了较高的要求，因此也在一定程度上加速了建筑业及营造业管理制度的制定和落实。在国家《工业技师登记

---

① 《杭州市政季刊》，1937年第5卷第1期。
② 《杭州市政季刊》，1937年第5卷第1期。
③ 《杭州市政季刊》，1937年第5卷第1期。

暂行条例》（1928）及《技师登记法》（1929）相继出台后，浙江省参照国家法
规实行技师登记，同时颁布了一些工程技术人员的管理规则，形成了包括建
筑师（工程师）在内的技师管理法规。在此基础上，杭州也针对自身的特点
制定了建筑师（工程师）管理法规，并紧接着出台了营造业的管理法规（见
表5-7），从法律上确立建筑业各分属行业的名称、职能及相互关系。这些法
规的颁布有助于规范行业管理，同时也从一个侧面表明了建筑师、建筑事务
所、营造厂等新兴的技术人员及技术团体已经成为当时工程设计、工程营造
事务中的重要角色。

表5-7　南京国民政府时期杭州市建筑师（工程师）及营造业管理法规

序号	法规类别	法规名称	颁布时间
1	设计人员及其机构管理法规	杭州市建筑师登记章程	1928年
2		杭州市绘图员登记章程	不详
3		杭州市内设立建筑师事务所请领执照办法	1930年
4	营造业管理法规	杭州市营造厂登记章程	1930年
5		重订杭州市营造厂登记暂行规则	1930年
6		杭州市泥水木石匠等作登记暂行规则	1930年

资料来源：笔者根据相关史料整理。

5.3.2.1　建筑师、绘图员、建筑事务所登记法规

杭州市对建筑师的登记始于1928年8月公布的《杭州市建筑师登记章
程》，规定凡在"杭州市内以计划工程、绘制图样为业务之建筑师须向工务局
登记"。在杭州进行登记的建筑师需要具有下列资格之一：（1）国内外大学或
专门学校土木工科或建筑科毕业，在工程界服务或充当工程教授两年以上；
（2）中等工业学校毕业或具同等学历，有四年以上切实建筑工程经验者。可
见只有科班出身的专业人员才能进行建筑师登记并从事建筑设计行业。中等
工业学校毕业或具同等学历的登记者须呈缴亲自绘制的建筑图样，审查较严
格。建筑师领取证书后，可以绘制图样向工务局请领建筑许可证并接受市内
一切建筑工程事业委托。

1930年10月，《杭州市内设立建筑师事务所请领执照办法》颁布，依据

《技师登记法》第13条①之规定对杭州市内的建筑师事务所进行管理。《技师登记法》规定事务所登记应提供登记者姓名、年龄、籍贯、住址、出身、经历、技师登记号数及发给证书日期、事务所地址等信息。《杭州市内设立建筑师事务所请领执照办法》针对建筑事务所登记的具体方法、手续及相应的罚则等进行规定。建筑师事务所在领取执照后方能接受市内一切建筑工程事业委托。事务所执业期间应遵守《技师登记法》的相关规定，如因业务上玩忽职守或技术不精致使他人受害或执行业务时违反相关法律且证据确凿的不能进行登记，已经登记者注销并追缴技师证书，工务局可停发或吊销其建筑事务所执照。有下列情形之一，工务局将酌情停止事务所执业：（1）以技师证书或建筑师事务所执照私自顶替托名使用者永远停止其执业；（2）违反杭州市取缔建筑暂行规则经工务局查明通知后仍不遵办者停止营业三个月②。上述规定在一定程度上对建筑师及其所供职的事务所形成约束，避免渎职行为的出现，有助于进一步对建筑师的职业行为进行规范。

在近代城市建筑活动管理的现代化进程中，由于新的管理制度、建造体系的采用，建设活动需要大量专业人员的参与，除专门的建筑师以外，还有诸如绘图员等专业人员的加入。为加强管理，杭州市工务局制定了专门针对绘图员的章则。《规则》指出，"凡在杭州市内专以绘画简易建筑物之图样为营业者，须向工务局以绘图员名义登记之"③。基于转型期掌握专业知识的设计人员水平良莠不齐，但社会又需要大量的专业人员，因此政府有必要对这部分人员进行管理和区分：如科班出身、掌握扎实专业知识的人员可经过一定审查后登记成为建筑师，而一般的绘图人员可登记为绘图员。工务局规定绘图员需熟悉房屋施工法及材料品名、所绘图样需工整明白、至少能演算笔算或珠算的加减乘除法。区别于建筑师，绘图员只允许代人绘制普通住宅等简易建筑图纸，工务局明确规定"构造复杂部分、特别承重部分、钢筋水泥建筑、高

---

① 《技师登记法》第13条内容如下：凡依本法领有技师证书者得设立事务所执行业务，但于设立事务所时应向所在地之主管官署呈报左列事项：一、姓名年岁籍贯住址；二、出身；三、经历；四、技师登记号数及发给证书日期；五、事务所之地址。

② 《市政月刊》，1930年第3卷第10期。

③ 市政府秘书编辑室：《杭州市政府现行法规汇编》，长兴印刷所印，1930年，第265页。

大的西式门面或西式房屋、有关风景建筑"等均需由建筑师设计，除了向工务局上交设计稿件外，应由建筑师签字证明。绘图员在从事绘图工作过程中如有特殊进步，"得呈请工务局与以登记建筑师之考验"，即绘图员只要在专业知识上达到建筑师的水平，可通过工务局考核后登记成为建筑师。

可见，南京国民政府时期杭州的建筑师（工程师）管理既有一定的先进性，也存在一定的局限性。实行建筑师登记而不是工程师登记，实行建筑事务所登记制度，与主流城市类似，表明其在设计人员及机构管理方面的先进性。与此同时，处于转型期的城市建设与建筑活动中，还存在诸如绘图员这样的中间层面的技术人员。

5.3.2.2 营造业管理法规

1930 年 3 月，杭州市政府发布《杭州市营造厂登记暂行规则》，开始对营造业实行登记，规定凡在杭州市内承揽泥水、木作为营业者均应向杭州市政府以营造厂名义进行登记，登记合格的营造厂方可承担市内营造工程。营造厂应遵守杭州市相关规定，当登记者不遵照杭州市政府工务局核准图样进行工程营造或偷工减料而发生危险，又或是以执照私自冒充顶替及违反取缔章程屡经通知仍不遵照者，工务局可暂予注销其登记 3 个月至 1 年[①]。

1930 年 12 月，《重订杭州市营造厂登记暂行规则》发布，对《杭州市营造厂登记暂行规则》进行了修正，指出"凡在杭州市区内承揽建筑工程为营业者应向杭州市政府工务局以营造厂名义声请登记领取执照"，"凡声请登记营造厂之经理人须有建筑上之学识与经验"[②]。规则同时指出营造厂应在承揽工程的各项图说上署名盖章并据实在建筑请勘单上填写承揽工程的工料总价，该项规定有助于落实相关工程责任人，加强工程管理。规则第 8 条提到接受停业处分之营造厂是否可继续办理已经开工的原承揽工程由工务局核夺，这在《杭州市营造厂登记暂行规则》中并未提及。此外，新规则还补充规定了营造厂除迁移或停业需报告工务局备案外，其组织变更时也应呈报。可见，营造厂登记规则在实施过程中已进行了修正和完善，逐渐清晰并更具实施性。

---

① 《市政月刊》，1930年第3卷第8期。

② 《市政月刊》，1930年第3卷第12期。

　　杭州施行营造业登记后，第一年登记的营造厂有632家[①]。1932年，登记规则要求变高，据《杭州市经济调查》记载，政府为整饬市容，取缔危险建筑起见，订立营造厂登记规则，按经理人的学识经验，分为甲乙丙丁四等。其中甲等要求最严，需资本在5万元以上同时具备下列条件之一：（1）曾承办10万元以上的工程而成绩优良者；（2）经理人曾在国外高等工业专门学校以上毕业，在工程界服务3年以上，成绩优良者。乙等是资本在1万元以上，曾承办2万元以上的工程且成绩优良者；丙等要求资本在2000元以上，曾承办4000元以上的工程，成绩优良；丁等资本在200元以上，具有相当营造经验而有承办1000元以下工程的能力[②]。可见，营造业的登记规则随着行业的发展进一步细化并越加严格。

　　泥水木石匠等作规模较营造厂小，专业力量也较为薄弱，但在杭州近代建筑活动中承担着一定比例的建筑营造工作，在城市现代化进程中起到不可忽视的作用，因此工务局也通过注册登记的手段对其进行管理。1930年3月17日，杭州市政府发布《杭州市泥水木石匠等作登记暂行规则》，规定"凡在杭州市区内以泥水木石匠为业立有作场者，应向杭州市政府工务局声请登记，领取登记证书"[③]。

　　综上所述，南京国民政府时期，伴随着城市与建筑的现代转型，杭州也如国内各主流城市一般逐步形成了较为完善的建筑师及营造业管理体系。杭州市的法规制定参照国家法规并学习主流城市，是依照全国标准制定的地方性法规。法规的出台标志着杭州的建筑师（工程师、绘图员）作为独立的第三方已成为建筑活动中重要的组成部分，现代建筑活动已由"二元"模式过渡到"三元"模式，促进了建筑设计行业的发展，也推动了传统营造业的锐意革新和全面转型，形成了新的建筑行业运行体系。但同时也要看到，转型期的近代杭州建筑业及营造业存在着人员与技术水平良莠不齐的现象，政府也从制度层面对建筑设计人员及营造业进行了不同的区分和登记。

---

① 杭州市政府秘书处：《杭州市政府十周年纪念特刊》，1937年。
② 建设委员调查浙江经济所：《杭州市经济调查》，1932年，第95页（经济篇）。
③ 《市政月刊》，1930年第3卷第3期。

5.4 本章小结

南京国民政府时期，杭州城市建设管理制度有了一定程度的发展。在南京国民政府及浙江省政府相关政策的指导下，杭州行政管理体系逐步完善，工务局作为城市建设主管部门，成为常设机构。工务局均采用"行政及管理"与"技术及监督"两套体系实现现代化管理，在"行政及管理"体系下，采用"局一科"两级行政体制，聘请一定比例具有专业背景的公务人员，形成了工程设计与管理的专门科室，并将工程技术人员独立出来，强化技术问题；在"技术及监督"体系下，分设不同的委员会实现"技术与监督"专门化管理，显示出杭州作为省会城市在政治上和技术上所具有的明显优势。

建筑管理法规历经多次修订，分别经历了酝酿期（第一阶段：设市初期）、形成期（第二阶段：20世纪30年代初期）、完善期（第三阶段：20世纪30年代中期），初步构建了现代建筑管理法规的基本体系。从内容上看，法规均已符合现代建筑管理基于卫生、安全、消防等方面的基本规范，体现出现代建筑法规的基本特点，有助于促进建筑活动的现代转型。形成期的杭州市建筑法规已经能够初步体现出现代建筑法规的六个特点：对建筑审批制度的阐释；城市规划层面的总体控制；建筑细节措施规定；结构设计准则；防火及疏散专项规定；新建筑类型专项技术细节措施。在完善期，杭州市的法规在形成期基础上有所发展，在法条数量与内容上均有所增加。

在建筑师及营造业管理方面，处于转型期的建筑活动存在着设计人员及施工水平良莠不齐的状况，杭州开始分别实行建筑师、绘图员登记及建筑事务所登记。营造业管理方面，杭州也将现代营造厂商与传统泥水木石分开登记。

参考文献：

[1]费文明 .1929年西湖博览会设计研究 [D].南京：南京艺术学院，2007：17.

[2]高介华 .中国近代城市规划与文化 [M].武汉：湖北教育出版社，2008.

[3]高平叔.蔡元培政治论著 [M]. 河北人民出版社，1985：281.

[4]乔兆红.1929 年的杭州西湖博览会 [J]. 广西社会科学，2003（3）：158.

[5]章开沅，严昌洪.近代史学刊（第 8 辑）[M]. 武汉：华中师范大学出版社，2011：102.

[6]周峰.民国时期杭州 [M]. 杭州：浙江人民出版社，1992.

6

杭州与其他城市近代城市建设的
管理制度比较

城市建设管理制度的建立和完善是中国近代城市建设与建筑活动现代化进程中的重要组成部分。在内外因素的共同作用下，在中国近代边缘城市的杭州，晚清时期西方人、民国时期中国人逐渐建立现代城市建设管理机构并不断发展与完善，现代城市建设管理各类法规陆续修订和发展，成为城市与建筑现代转型的重要动力。本章通过对杭州与近代主流城市上海、南京及同为边缘城市的宁波近代城市建设管理制度的比较，试图进一步厘清杭州近代城市建设管理制度发展的特点。

6.1　现代城市建设管理机构的比较

6.1.1　近代前期现代城市建设管理机构的设立及其比较

6.1.1.1　上海租界现代城市建设管理机构的出现与仿效范本的设立

"五口通商"以后，随着西方人进入中国，西方现代城市建设管理机构①

---

① 现代城市建设管理机构主管城市市政建设与建筑活动，因此又称现代市政管理机构，本书中一律使用"城市建设管理机构"一称。

开始在租界设立，现代城市建设管理制度引入中国。1846 年，上海租界成立道路码头委员会（Committee on Road and Jetties），专管租界内修筑道路、码头等市政事宜，标志着租界现代城市建设管理模式的出现及现代城市建设管理机构的诞生。为进一步改善市政建设（城市建设）与管理，1854 年，上海租界成立了由 7 名董事组成的行政委员会（Executive Committee），后改称市政委员会（Municipal Council），也即上海公共租界工部局（Municipal Council）。工部局相当于西方自治城市的"市政府"，是对租界的市政建设及政治、经济、文化、社会等各个方面进行全面管理的行政管理机构，工程建设事宜只是其职能之一。随着工部局的发展，其专管城市建设的"道路码头委员会"发展成为"工务处"（Public Works Department），工务处之下又设行政部、土地勘察部、营造部、建筑查勘部、沟渠部、道路工程师部、工场部、公园及空地部、会计部等 9 个部门（唐方，2006），分管日常工作，其中营造部、建筑查勘部为最核心部门。上述职能体现了工务处掌握的城市建设及建筑活动管理的三大权力，即建筑法规的制定权（立法权）、建筑设计图纸的审批权（审批权）、房屋建造中的监造权（李海清，2004）。1862 年，上海法租界成立公董局（Conseil Municipal），与公共租界的工部局相对应，其下设公共工程处是专管城市建设的部门，与工部局的工务处对应，"专管法租界内道路、码头、桥梁、路灯、下水道及其他各种工程设施的建造与维修"（伍江，1997）。

从最初的道路码头委员会到之后上海工部局的工务处及法租界公董局的公共工程处，上海租界由西方人设立的现代城市建设管理机构逐渐发展，管理职能由简到繁并日趋完善，加强了租界内市政建设及建筑活动的管理，从而使"中国领土上真正出现了与具体（市政建设）建筑活动有直接、明确对应关系的政府管理部门，实现'归口管理'"（李海清，2004）。西方人在上海租界内设立现代城市建设管理机构不仅为西方人在中国其他租界或"近似租界的特殊区域"① 设立了仿效的摹本，也为之后近代主流城市及边缘城市中国人的

---

① 费成康所著《中国租界史》指出，租借地、避暑地、外国人居留区、通商场等均为近似租界的特殊区域，其中宁波外人居留区（地）、杭州公共通商场皆在此范畴之内。

城市建设管理机构的出现埋下伏笔，提供了城市建设管理体制及制度现代转型的可资借鉴的范本。

6.1.1.2 中国人设立的现代城市建设管理机构及其对西方人的效仿

杭州在 1896 年开埠后，直接由中国晚清政府开始了对西方现代城市建设管理体制的模仿，在公共通商场设立了工程局，这是杭州最早出现的现代城市建设管理机构。其职能是修筑马路以通马车、东洋车，建筑中西各式房屋，以繁荣市面（汪林茂，2005）。成立后，工程局在公共通商场修筑道路、架设桥梁。海关报告指出"租界迅速出现繁忙景象。几百名劳工在洋人工程师督工下忙于修筑道路，毗邻或穿流租界的河流上架起桥梁"（中华人民共和国杭州海关，2002）。杭州工程局的主要职能是公共通商场内的市政建设管理，并不负责杭州老城区的市政建设，但其成立已经开启了杭州现代城市建设管理的步伐。

杭州工程局行使城市建设管理职能的时间很短暂，1903 年，省会巡警总局成立，于《警律》中规定"兴工建屋及开设店铺须呈明警局"，于是杭州的城市建设管理职能并入省会巡警总局。

1913 年（北京国民政府时期），省民政司为开辟旗营新市场设立的规划工程事务所对杭州近代城市的发展意义重大，新市场的开发开启了此后杭州较快的城市建设现代化进程。成立后不久，规划工程事务所划归警察厅工务处。1915 年，"省会工程局"成立，作为"省会各项土木工程直接营造机关，直隶于巡按使"，办理省城警察厅辖区内的工程。此时的省会工程局设总办、会办，管理工程进行及监督。在组织机构上，分为工务股及事务股两股，从其机构组成与职能看，总务股接近上海租界工部局（1854）的行政部，工务股的"建筑修葺、计划、测量绘图、监察"等职能接近上海公共租界工务处营造部、建筑勘察部等部门的职能，工程审批制度已经开始执行，工程需进行设计绘图，施工过程需要接受监督。

1916 年 6 月，省会工程局又再次裁并省会警察厅，成为省会警察厅工务处，但仍然延续了前省会工程局的职能，直至 1925 年再次独立。从 1913 年到 1925 年的 12 年间，杭州市政建设管理机构始终与警察机构时分时合，这在中国近代城市中不是孤例，北京、广州均曾出现警政系统涉足城市建设与建筑管理的情形。1909年，北京路工局所管辖路工事务由内外城警察厅之行政处接管，广州在辛亥革命之后成立广州省会警察厅，并将建筑管理权归属其下。警政系统涉足城市建设管理，这在一定程度上与中国近代城市皆有学习西方殖民地管理制度的背景相关，对公共安全与公共卫生的关注其实是西方殖民者建筑管理的普遍目的，当西方制度遭到抵制，殖民者不得不借助警政系统，直接采用暴力、强制手段来执行建筑管理（李海清，2004）。

1925年的"浙江省省会工程局"直隶于省长公署，负责办理省会道路、桥梁、沟渠、水道及其他公共建筑等一切土木工程事宜，这与上海公共租界工部局（1854）的工务处及法租界公董局（1862）的公共工程处职能非常接近。浙江省省会工程局（1925）的组织包括监督、会办、坐办、第一至第四科、技术队、工程队、材料处、征收处及董事会。其第一科与上海工部局（1854）工务处的行政部接近；第二科设置表明了建筑查勘、建筑取缔等已经得到落实，与工部局（1854）工务处的建筑查勘部的职能接近；第三科管理主要落实对工程的管理和监督，与"工部局（1854）工务处的营造部职能类似；第四科已将公园祠墓等列入管辖范畴，而上海工部局工务处有公园及空地部。其技术队、工程队、材料处、征收处的设置是为保证工程设计、工程施工、工程监督及土地征收事宜，更好地保证城市市政建设与建筑活动的开展。上述机构设置已经充分反映出现代城市建设管理机构的主要职能。

可见，1927年南京国民政府成立之前，杭州已经成立了模仿上海租界模式的现代城市建设管理机构，形成了与上海公共租界工部局（1854）下设工务处及法租界公董局（1862）下设"公共工程处"这一职能接近的部门，初具现代城市建设管理机构的雏形。

从晚清政府北京国民政府，中国官方推动了各地城乡学习西方现代城市建设管理体制的进程，从开埠初期的杭州"工程局"到1925年的"浙江省会工程局"，杭州现代城市建设管理机构的设立与当时中国社会纷纷效仿西方现代社会主流进步思潮的影响是分不开的。

6.1.2 近代后期现代城市建设管理机构的设立及其比较

"近代中国自清末始有各地筹办市政管理之举，然而其间战乱频仍，局势多变，直至 20 世纪 20 年代以后市政管理制度方逐步走上正轨"，"经历晚清模仿租界市政管理制度的铺垫，国民政府开始积极谋求城市建设管理'现代化'"（李海清，2004）。1927 年南京国民政府成立以后，中国现代城市建设管理机构的发展进入了一个新阶段，在政治中心南京、经济中心上海等示范作用下，不少城市逐渐建立起较为完善的由中国官方设立的城市建设管理机构，杭州也不例外。1927 年设市之初，在国民政府的统一管辖下，杭州确定了一套与南京、上海相近的城市建设管理制度，在机构设置与职能上，体现出一定的相似性。由于机构的设置往往需与实际需求相适应，因此随着城市的建设与发展，南京、上海的现代城市建设管理机构不断扩充和细化，形成了具有现代意义的职能齐全、分工细密、组织完备的现代城市建设管理体系；杭州的现代城市建设管理机构也有一定的发展和完善，但其组织不如南京、上海完备。

6.1.2.1 后期第一阶段：成立之初的比较

南京国民政府成立后，南京、上海、杭州均迅速组织了市政府，设工务局管理城市建设事宜。南京特别市工务局成立于 1927 年 6 月，分为 5 科，上海特别市工务局成立于 1927 年 8 月 1 日，分为 4 科，杭州市工务局 1927 年设立之初也分为 4 科。在科室数量上，南京最多，杭州与上海次之。

在机构设置上，南京特别市工务局设总务科、设计科、建筑科、取缔科、公用科 5 个科室。设计科分管市内道路、公园、市场、桥梁、堤沟江河水道、公用建筑、场所等工程设计，建筑科主管设计课所规划工程的建造及保养事项，取缔科负责工程审查、建筑取缔，公用科负责市内公用事业的管理[①]。从机构职能看，设计科、建筑科、取缔科等科室落实了工程的相关程序及管理，工程设计与工程营造独立设置，专列科室管理公用工程，体现出管理的细化。上海特别市工务局"第一、二科分管总务以及设计道路、桥梁、沟渠、公园、菜场等工程；第三科负责修建第二科所计划之一切工程及原有工程之修理；第

---

① 《南京特别市工务局年刊》，1927 年，第 1—3 页。

四科分管审查营造图样"（李海清，2004）。从其机构设置看，也已经明确落实工程设计、工程营造、建筑审批等内容，且工程设计与工程营建分科管理，但并未形成专门的公用工程管理科室。杭州市工务局第一课为总务科，第二科为设计科，负责工程的调查、测绘及计划，第三科为建筑科，主管工程营造、工程监督及材料、工具采购管理，第四科为建筑取缔科。与上海特别市工务局一样，将工程设计与工程营建区分开来，分别由"设计科"与"建筑科"负责，但同样未如南京一般形成公用工程的专管科室（见表6-1）。

表6-1　南京国民政府成立之初南京、上海、杭州城市建设管理机构比较

城市	机构名称	时间	科室设置					主要职能
			第一科	第二科	第三科	第四科	第五科	
南京	南京特别市工务局	1927—1930.07	总务	设计	建筑	取缔	公用	总务课（科）分管总务，设计课（科）管市内道路、公园、市场、桥梁、堤沟江河水道、公用建筑、场所等工程设计；建筑课（科）主管设计课所规划工程的建造及保养事项；取缔课（科）负责工程审查、建筑取缔；公用课负责市内公用事业的管理。
上海	上海特别市工务局	1927—1928.09	总务	设计	建筑	取缔		第一、二科分管总务及设计道路、桥梁、沟渠、公园、菜场等工程；第三科负责修建第二科所计划之一切工程及原有工程之修理；第四科分管审查营造图样。
杭州	工务局	1927—1929.04	总务	设计	建筑	取缔		第一科负责文牍、会计、庶务；第二科负责工程的调查、测绘及计划；第三科主管工程营造、工程监督及材料、工具采购管理；第四科负责建筑取缔。

资料来源：笔者根据《中国近代建筑史研究》《上海百年建筑史》《浙江通史》《民国时期杭州市政府档案汇编》《南京特别市工务局年刊》等整理而成。

总体而言，设市之初杭州市工务局的机构设置已初具现代城市建设管理模式，实现了对工程设计、工程营造监督、建筑审批的管理，其工务局机构设置比南京更为简化，在科室数量及机构职能上均与上海较为接近。

6.1.2.2　后期第2阶段：第一次调整后的比较

南京、上海、杭州市工务局在成立之后均进行过一定的调整，其中南京市工务局在1930年7月调整为两科，第一科分设总务、公用、审勘三股，第二科分设计划、营造、材料三股。上海、杭州市工务局则在成立后不久便经

历了机构调整。1928 年 9 月，上海特别市工务局改 4 科为 5 科，1930 年以后，上海特别市工务局改称上海市工务局。杭州市工务局也经历了调整和完善，1929 年 4 月，杭州市工务局从最初的 4 个科室调整为 5 个科室。调整后，南京市工务局在机构职能分工上有所细化，总务股及公用股的职能相当于调整前的总务科和公用科，审勘股的职能相当于调整前的取缔科；计划股、营造股的职能相当于调整之前的设计股和建筑股，新设材料股管理相关工具及材料，机构由原来的 5 科调整为 6 股。杭州市工务局与上海市工务局均设 5 科，总体来看，南京的工务局机构分支最多，上海、杭州次之。

在机构职能上，南京市工务局[①]除增加材料股外，其余各股与初期各科的职能一样。上海市工务局第一科依旧负责总务；第二科以桥梁为主，码头、驳岸、公园暂属之；第三科以道路为主，包括沟渠工程；第四科以建筑为主，分为私人与公共建筑两种性质；第五科分管城市规划（李海清，2004）。与初期相比，上海市工务局的职能进一步细化，初期虽然将工程设计与工程营建分设不同的科室，但并未形成"桥梁""道路""建筑"的专管科室，城市规划也并未专列科室。调整后的杭州市工务局第一科仍为总务；第二科掌管市政建设及建筑等相关土木工程的设计、测量查勘、工程招投标等事项，同时特别强调"西湖设计"作为其掌管内容之一；第三科负责监造市政及建筑工程、修理维护原有工程、拆除危险建筑等；第四科负责建筑执照发放、建筑取缔、文物保护、树艺及公园管理事项；第五科负责公共事业的经营与取缔。相较于 1927 年，此时的杭州市工务局的职能得到了扩展，其中第二科"西湖设计"专项细化了工程设计的范畴，第四科的"文物"专项充分体现了杭州城市的地理及历史特征，第五科则加强了公共工程的经营管理。除未设材料专管科室外，其各科职能与南京各股的职能接近。但与上海相比，杭州市工务局仍未能形成"桥梁""道路""建筑"等详细分管科室，也未能形成针对城市规划的专管部门，

---

① 第一科第一股负责总务，第二股公用股负责"市内煤汽、自来水、电力、电灯、电话及其他公用事业"的经营、取缔及监督事项，第三股审勘股负责"审核一切公有、私有营缮图说"及营造业、建筑师、工程师、绘图员的登记注册，同时负责相关的取缔监督事项；第二科计划股负责市内道路、沟渠、桥梁、河道、公园、市场及一切公用建筑、场所等工程规划设计及估价，营造股负责计划股所规划设计的工程营造及修理保养，材料股负责相关的材料、工具事项。参见《南京市工务局组织规则》，《首都市政公报》1930 年第 66期，第 4—5 页。

体现出与主流城市在现代城市建设管理上的差距（见表6-2）。

表6-2　第一次调整后南京、上海、杭州城市建设管理机构比较

城市	机构名称	时间	科室设置						主要职能	机构下设委员会（管理处）及其职能
南京	南京市工务局	1930.07以后	第一科			第二科			第一科第一股负责总务，第二股公用股负责"市内煤汽、自来水、电力、电灯、电话及其他公用事业"的经营、取缔及监督事项，第三股审勘股负责"审核一切公有、私有营缮图说"及营造业、建筑师、工程师、绘图员的登记注册，同时负责相关的取缔监督事项；第二科计划股负责市内道路、沟渠、桥梁、河道、公园、市场及一切公用建筑、场所等工程规划设计及估价，营造股负责计划股所规划设计的工程营造及修理保养，材料股负责相关的材料、工具事项	不详
			总务股	公用股	审勘股	计划股	营造股	材料股		
上海	上海（特别）市工务局	1928.09—1931.08	第一科	第二科	第三科	第四科	第五科		第一科负责总务；第二科以桥梁为主，码头、驳岸、公园暂属之；第三科以道路为主，包括沟渠工程；第四科以建筑为主，分为私人与公共建筑两种性质；第五科分管城市规划	不详
			总务	桥梁	道路	建筑	规划			
杭州	工务局	1929.04—1931.09	第一科	第二科	第三科	第四科	第五科		第一科仍为总务；第二科掌管事项为市政建设及建筑等相关土木工程的设计、测量查勘、工程招投标等，同时特别强调西湖设计作为其掌管内容之一；第三科负责监造市政及建筑工程、修理维护原有工程、拆除危险建筑等；第四科负责建筑执照发放、建筑取缔、文物保护、树艺及公园管理事项；第五科负责公共事业的经营与取缔	购料委员会：实行各项材料购买价格核实与公开；技术委员会：研究重大市政工程计划及审查重要技术事项；工程查验委员会：每一工程决定后关于计划及期限之审查；工程上关于应用工料价格之检查；投标工程关于得标人是否实在之调查；工程中关于工料不适合之纠正；关于工程完工后之验收
			总务	设计	建筑	取缔	公共事业			
			总务	设计、建筑	取缔	公用				

资料来源：笔者根据《首都市政公报》《中国近代建筑史研究》《上海百年建筑史》《浙江通史》《民国时期杭州市政府档案汇编》等资料整理。

可见，经历第一次调整，南京、上海市工务局的机构组织及职能进一步发展，从科室设置上看，两市的工务局组织较杭州更为完备，尤其是上海市工务局，已经形成细致的分工，并有专门的城市规划管理科室。相比较而言，杭州市工务局虽也有一定的发展，但并未形成各类工程的专门管理，也并未形成专门的城市规划管理部门。

6.1.2.3 后期第3阶段：第二次调整后的比较

1931年以后，上海、杭州工务局的组织机构又经历第二次调整，南京则维持此前的机构设置。1931年8月，除原来的5个科室外，上海市工务局增加材料管理处分管材料采购事宜，至此，上海市工务局的组织基本定型，成为组织完善、功能完备的现代城市建设管理机构。1931年9月以后，由于杭州市政府组织缩小，工务局改为工务科，分为4股。第二次调整后，上海市工务局组织更为完善，但杭州市工务局的行政级别有所降低。

在机构职能上，南京市工务局的各科股职能未变，上海市工务局的5个科室分管事项也未更改，仅增加材料处负责相关的材料、工具事宜。杭州市工务局第一股主要负责设计、建造、概预算等，第二股负责材料管理，第三股负责建筑取缔、名胜古迹管理，第四股为公用事业管理。可见"设计"与"建筑"已由原来的分开设置转为合并设置。因此在抗日战争爆发以前，杭州市工务局始终未能形成与上海工务局相当的分工细致的机构组织（见表6-3）。

表6-3 第二次调整后南京、上海、杭州城市建设管理机构比较

城市	机构名称	时间	科室设置						主要职能	机构下设委员会（管理处）及其职能
南京	南京市工务局	1930.07以后	第一科			第二科			第一科第一股负责总务，第二股公用股负责"市内煤汽、自来水、电力、电灯、电话及其他公用事业"的经营、取缔及监督事项，第三股审勘股负责"审核一切公有、私有营缮图说"及营造业、建筑师、工程师、绘图员的登记注册，同时负责相关的取缔监督事项；第二科计划股负责市内道路、沟渠、桥梁、河道、公园、市场及一切公用建筑、场所等工程规划设计及估价，营造股负责计划股所规划设计的工程营造及修理保养，材料股负责相关的材料、工具事项	不详
			总务股	公用股	审勘股	计划股	营造股	材料股		

续表

城市	机构名称	时间	科室设置					主要职能	机构下设委员会（管理处）及其职能
上海	上海市工务局	1931.08以后	第一科 总务	第二科 桥梁	第三科 道路	第四科 建筑	第五科 规划 材料处	第一科负责总务；第二科以桥梁为主，码头、驳岸、公园暂属之；第三科以道路为主，包括沟渠工程；第四科以建筑为主，分为私人与公共建筑两种性质；第五科分管城市规划	材料管理处：负责工程材料采购事宜（其余委员会不详）
杭州	工务科	1931.09以后	第一股 设计建造 总务	第二股 材料管理 交通水利市政	第三股 建筑取缔 农矿工商	第四股 公共事业		第一股主要负责设计、建造、概预算等；第二股负责材料管理；第三股负责建筑取缔、名胜古迹管理；第四股负责公用事业管理	不详

资料来源：笔者根据《中国近代建筑史研究》《上海百年建筑史》《浙江通史》《民国时期杭州市政府档案汇编》等资料整理。

综上所述，南京国民政府成立后，杭州与南京、上海一样均模仿西方现代城市建设管理体制设置了现代城市建设管理机构——工务局。在成立初期，杭州市工务局在科室设置上与南京存在一定差距，但与上海比较接近，同设4科，将"工程设计"与"工程营建"分开管理。经历第一次调整后，上海市工务局形成了各类工程的专门管理科室，同时专设城市规划管理部门，由原来的4科发展为5科，形成了更为完善的机构职能。南京市工务局在1930年由5科调整为2科6股，除增加材料管理外，其各股职能与此前各科的职能基本相同，并未如上海一般形成各类工程的专管科室，也并未专列城市规划管理科室。杭州市工务局也由4科发展至5科，机构进一步完善，但同样未如上海一般形成各类工程及城市规划专项管理科室，在发展上呈现一定的滞后。

1931 年以后，上海、杭州工务局的组织机构经历第二次调整，南京则维持不变。上海市工务局在原有基础上进一步发展，但是杭州的工务局均由"科"改"股"，在各科设置上，与南京、上海存在较大差距。可见，南京国民政府时期，与南京、上海相比，杭州的城市建设管理机构发展呈现一定的滞后。

6.2　现代城市建设管理法规的比较

南京国民政府时期是杭州建筑法规的快速发展期，因此本节主要对1927—1937 年间杭州与主流城市上海、南京的建筑管理法规进行比较。杭州的建筑管理法规制定可分以下三个时期。

酝酿期：第一阶段为设市之初，杭州市政府发布《杭州市工务局取缔建筑暂行章程》（约 1927 年）及《杭州市取缔建筑暂行规则》（约 1927 年）。

形成期：第二阶段为 20 世纪 30 年代初，市政府根据上海等主流城市的范例制定各自的建筑管理法规，颁布了《杭州市建筑暂行规则》（1932）及《修正杭州市建筑暂行规则》（1932）。

完善期：第三阶段为 20 世纪 30 年代中期，经过几年的施行，杭州市的建筑管理法规做出调整，颁布《杭州市取缔建筑规则》（1936）。

由于笔者尚未能收集到第一阶段的建筑管理法规史料详细条文，因此本节只对第二阶段及第三阶段的建筑管理法规进行分析。作为南京国民政府的首都，南京市的城市建设管理法规的发展在这一时期具有典型性，其建筑管理法规内容全面、完善，处于全国前列。同时上海规则 [1] 也具有鲜明的特点，可以之作为近代中国地方政府建筑管理法制化发展程度的参考，表明地方建筑法规的"现代化"水平（李海清，2004）。因此本节以南京、上海法规作为参照，与杭州的建筑法规进行对比，定位杭州在南京国民政府时期建筑管理法规的具体地位与位置，明确其在建筑制度现代转型中的特点，从而定位杭

---

[1]　主要指南京国民政府时期上海中国官方所制定的相关规则。虽然近代上海是以租界区为主体发展起来的城市，但经历开埠后约80年的学习和效仿，到1927年南京国民政府成立以后，上海市政府所制定的城市建设管理法规已经达到较高的水平，代表了中国地方政府城市建设管理法规的先进水平。

州在整个中国近代城市现代化进程中的坐标。由于南京、上海规则较杭州更
为先进，因此在比较上，第二阶段（形成期）以上海 1928 年规则与杭州 1932
年规则进行比较，第三阶段（完善期）以上海 1934 年规则与杭州 1936 年规
则进行比较。鉴于笔者未能收集到南京设市初期颁布的建筑规则史料原文，
而 20 世纪 30 年代南京曾于 1933 年及 1935 年颁布两部规则，与杭州的第三
阶段（完善期/维续期）在时间上形成对应关系，在此以其 1933 年规则与杭
州 20 世纪 30 年代中期的法规进行对比。

6.2.1　第二阶段（形成期）各市建筑管理法规比较

6.2.1.1　数量上的比较

从建筑法规的类别看，《修正杭州市建筑暂行规则》（1932）在建筑法、
建筑法规、建筑标准这 3 个层次均属于建筑规范范畴。法规的数量反映出管
理的细密性，《修正杭州市建筑暂行规则》（1932）共有 9 章 225 条，1928 年
上海所颁的《上海特别市建筑规则》法条数量为 8 章 209 条，杭州的建筑法规
法条数量与之相近（见表 6-4）。

表 6-4　形成期上海、杭州法条数量一览

城市	法规名称	法条数量
上海	上海特别市建筑规则（1928）	209
杭州	修正杭州市建筑暂行规则（1932）	225

资料来源：根据《修正杭州市建筑暂行规则》《上海特别市建筑暂行规则》整理。

建筑法规的内容分为行政管理规定和技术准则规定两大部分。法规的技
术条文（技术准则规定）尤其是"数字""表格"等量化表达及限定体现着"技
术理性"的支撑，体现出以数字为基础的现代管理模式（李海清，2004）。因
此法规的技术性条文（建筑技术准则）所占的比例在一定程度上能代表法规
的现代化程度。《修正杭州市建筑暂行规则》（1932）只有第一章总纲及第九
章附则为行政管理规定条款，法条数量共计 38 条，其他 7 章均为技术规则，
法条数量共计 187 条，技术准则条款占总数的 83%，《上海特别市建筑规则》
（1928）第 1 章总纲及第 8 章附则为行政管理规定，法条数量共计为 31 条，

其余各章为技术规则内容，法条数量共计178条，技术准则条款占据总数的85%。可见杭州、上海《规则》的技术准则规定法条数量所占比例较为接近（见表6-5）。

表6-5 形成期上海、杭州技术准则规定法条数量比较

城市	上海			杭州	
法规名称 法条类别	《上海特别市建筑规则》（1928）			《修正杭州市建筑暂行规则》（1932）	
行政技术管理规定	章节名称	法条数量		法条类别	法条数量
	总纲	29		总纲	36
	附则	2		附则	2
	合计	31		合计	38
建筑技术准则规定	通则	71		建筑通则	64
	设计准则	52		设计准则	60
	防火设备	17		防火设备	17
	旅馆、公寓、医院、校舍等建筑物	9		旅馆、公寓、医院、校舍等建筑物	7
	戏院、影戏院及其他公众集合场所等建筑物	22		戏院、影戏院及其他公众集合场所等建筑物	22
	货栈、工厂、商店及办事处所等建筑物	7		货栈、工厂、商店及办事处所等建筑物	7
				西湖风景区建筑	10
	合计	178		合计	187

为进一步分析这一时期建筑法规中技术准则的相关内容，笔者将法规内容进一步细分，即除行政管理规定外，将建筑技术准则再划分为总体控制、技术细节措施、结构规范及专项技术细节措施等4个部分。依照这一分类方法，《修正杭州市建筑暂行规则》（1932）关于总体控制的法条数量为21条，技术细节措施共计60条，结构规范为60条，专项建筑技术细节措施为46条。《上海特别市建筑规则》（1928）中，总体控制类法条为28条，技术细节措施类共计60条，结构规范为52条，专项建筑技术细节措施为38条。从包含"数据"及"表格"最多的结构规范内容看，上海52条，杭州60条，两者较为接近。技术细节措施是除结构规范外最能体现技术含量的内容，上海与杭州均为60条（见表6-6）。杭州法规的结构规范部分条文甚至比上海规则更多，体现出杭州规则与上海规则的接近。

表 6-6 《修正杭州市建筑暂行规则》(1932)
《上海特别市建筑规则》(1928) 建筑技术准则部分法条数量分类比较

城市	上海		杭州	
法规名称	上海市特别市暂行建筑规则（1927）		修正杭州市建筑暂行规则（1932）	
	数量	法条内容提要	数量	法条内容提要
总体控制	28	1.建筑高度；2.建筑面积；3.里弄；4.起居室；5.突出公路之建筑物	21	1.高度；2.建筑面积；3.突出公路之建筑物
技术细节措施	60	1.地面做法；2.墙身墙角墙基；3.拱圈及砖柱；4.防火墙；5.屋面、楼面、烟囱及杂项建筑；6.阴沟；7.防火材料规定；8.不同材料、部位的防火构造要求；9.防火门、窗构造要求；10.太平门构造要求；11.太平梯构造要求；12.楼井及升降梯构造要求；13.消防设备安装要求	60	1.地面做法；2.墙基；3.墙身；4.拱圈及砖柱；5.防火墙；6.屋面、楼面、烟囱及杂项建筑；7.阴沟；8.防火材料规定；9.不同材料、部位的防火构造要求；10.防火门、窗构造要求；11.太平门构造要求；12.太平梯构造要求；13.楼井及升降梯构造要求；14.消防设备安装要求
结构规范	52	1.建筑材料重量；2.屋面、楼面之载重；3.风力；4.泥土载重力；5.砖石木料之载重；6.钢骨三和土；7.钢铁工程	60	1.泥土载重力；2.屋面.楼面之载重；3.风力；4.砖石木料之载重；5.钢筋水泥混凝土；6.钢铁工程
专项建筑技术细节措施	38	旅馆、公寓、医院、校舍等建筑物，戏院、影戏院及其他公众集合场所等建筑物，货栈、工厂、商店及办事处所等建筑物的专门技术细节措施	36	旅馆、公寓、医院、校舍等建筑物，戏院、影戏院及其他公众集合场所等建筑物，货栈、工厂、商店及办事处所等建筑物的专门技术细节措施
合计	158		177	

6.2.1.2 内容比较

从上文的数量分析看，杭州法规与上海法规具有较高的相似性，事实上两者在章节构成方面及各部分内容设置上也极为类似。

从章节标题看，除西湖风景区建筑为杭州法规特有之外，上海、杭州法规各章标题基本相同，仅第二章标题略有区别，上海法规为"通则"，杭州法规为"建筑通则"，两者并无本质区别（见表6-7）。

从各章所涵盖内容看，两地法规也极为相似，其中4—7章完全一样。1—3章也仅有局部差异，以第一章总纲为例，上海、杭州法规均包含6个方面，所涵盖内容基本相同，区别仅在于建筑许可证的相关规定上海法规表述为"请照手续"，杭州法规表述为"请证手续"，另外上海法规对建筑责任及设备进行规定，杭州规则仅有建筑责任的相关规定。

表6-7 《上海特别市建筑规则》（1928）与
《修正杭州市建筑暂行规则》（1932）各章标题及内容比较

法规名称	上海市特别市暂行建筑规则（1927年）			修正杭州市建筑暂行规则（1932）		
章节	章标题	法条数量	内容摘要	章标题	法条数量	内容摘要
1	总纲	29	1.适用范围；2.请照手续；3.征费额；4.建筑时之责任及设备；5.罚则；6.取缔危险建筑物	总纲	36	1.适用范围；2.请证手续；3.征费额；4.建筑时之责任；5.罚则；6.取缔危险建筑物
2	通则	71	1.建筑高度；2.建筑面积；3.里弄；4.起居室；5.突出公路之建筑物；6.地面做法；7.墙身墙角墙基；8.拱圈及砖柱；9.防火墙；10.屋面、楼面、烟囱及杂项建筑；11.阴沟	建筑通则	64	1.高度；2.建筑面积；3.突出公路之建筑物；4.地面做法；5.墙基；6.墙身；7.拱圈及砖柱；8.防火墙；9.屋面、楼面、烟囱及杂项建筑；10.阴沟
3	设计准则	52	1.建筑材料重量；2.屋面、楼面之载重；3.风力；4.泥土载重力；5.砖石木料之载重；6.钢骨三和土；7.钢铁工程	设计准则	60	1.泥土载重力；2.屋面、楼面之载重；3.风力；4.砖石木料之载重；5.钢筋水泥混凝土；6.钢铁工程
4	防火设备	17	1.规则适用范围；2.防火材料规定；3.不同材料、部位的防火构造要求；4.防火门、窗构造要求；5.太平门构造要求；6.太平梯构造要求；7.楼井及升降梯构造要求；8.消防设备安装要求	防火设备	17	1.规则适用范围；2.防火材料规定；3.不同材料、部位的防火构造要求；4.防火门、窗构造要求；5.太平门构造要求；6.太平梯构造要求；7.楼井及升降梯构造要求；8.消防设备安装要求
5	旅馆、公寓、医院、校舍等建筑物	9	1.建筑高度与防火材料应用；2.太平门、太平龙头等消防设备、公用厕所等设置要求；3.小学校舍规定	旅馆.公寓.医院.校舍等建筑物	7	1.建筑高度与防火材料应用；2.太平门、太平龙头等消防设备.公用厕所等设置要求；3.小学校舍规定
6	戏院.影戏院及其他公众集合场所等建筑物	22	1.防火构造规定；2.建筑疏散要求及相关构造规定；3.观众席构造要求；4.防火墙；5.化妆室设置要求；6.布景储藏室墙体、地板构造要求；7.电气设备安装要求；8.卫生设施要求；9.电影放映室设置要求	戏院.影戏院及其他公众集合场所等建筑物	22	1.防火构造规定；2.建筑疏散要求及相关构造规定；3.观众席构造要求；4.防火墙；5.化妆室设置要求；6.布景储藏室墙体、地板构造要求；7.电气设备安装要求；8.卫生设施要求；9.电影放映室设置要求

法规名称	上海市特别市暂行建筑规则（1927年）			修正杭州市建筑暂行规则（1932）		
7	货栈、工厂、商店及办事处所等建筑物	7	1.防火构造规定；2.建筑疏散要求及相关构造规定；3.卫生设施要求	货栈、工厂、商店及办事处所等建筑物	7	1.防火构造规定；2.建筑疏散要求及相关构造规定；3.卫生设施要求
8	附则	2	法规颁布的官方说明	西湖风景区建筑	10	关于西湖风景区建筑的附加要求
9				附则	2	法规颁布的官方说明

　　两地法规的高度相似性还表现在各章具体条文上，笔者统计了两地法规基本相同的条款及完全相同的法条，其中基本相同的法条为59条，完全相同的法条为91条，两者相加占到总法条数的2/3以上。从各章看，第4、6、7章法条相似度最高，其中第4章两地法规条数均为17条，基本相同的法条为6条，完全相同的法条为11条。第6章中两地法条同为22条，基本相同法条数量为2条，完全相同的法条数量为20条，第7章更是所有7条法条均完全相同（见表6-8）。

表6-8　《上海特别市建筑规则》（1928）与
《修正杭州市建筑暂行规则》（1932）表述相似及相同的条文数量统计

章节	章标题	总条文数量		基本相同条文数量	完全相同条文数量
		上海	杭州		
1	总纲	29	36	12	0
2	通则（建筑通则）	71	64	20	22
3	设计准则	52	60	17	23
4	防火设备	17	17	6	11
5	旅馆、公寓、医院、校舍等建筑物	9	7	0	6
6	戏院、影戏院及其他公众集合场所等建筑物	22	22	2	20
7	货栈、工厂、商店及办事处所等建筑物	7	7	0	7
8	附则	2	2	2	0
	合计	209	225	59	91

从上述分析及统计可知，两地法规确具有极高的相似度。事实上，两部法规的差别大多体现在个别条款的细微差别上。如第一章请照手续中上海规定并不需要提供"路线请勘单"，只需要填写"请照单"，杭州则需提供"路线请勘单"；上海规定开工前 20 日内需申请许可证，杭州规定为 30 日。第二章通则部分，个别条款上杭州规则较上海规则更为严格，如关于高度的规定，上海规则指出"四周用砖墙实砌之房屋，其内部之建筑材料，不足以防火者，高度不得过十八公尺(或六十呎)"①，杭州规定则将此高度限制为"十五公尺"；关于建筑面积的规定，杭州规则指出"凡沿马路其深度在七公尺以内者得全部作为建筑面积"，同时"除前条所规定者外一切建筑物其建筑物面积不得超过基地百分之五十"，而上海规则则根据层数限定建筑面积，二层及二层以下，建筑面积不得超过基地面积的 60%，三层及三层以上不得超过基地面积的 50%，可见杭州规定更为严格。第三章设计准则部分，上海规则中规定厂栈等每层楼面载重须注于营造图样上，杭州的规则中没有要求；钢筋混凝土部分杭州规则指出钢筋混凝土工程除了照规则规定外还需将详细计算书连同图样呈送市政府审查，上海规则则没有此项规定。

6.2.2 第三阶段（完善期／维续期）各市建筑管理法规比较

6.2.2.1 数量的比较

到 20 世纪 30 年代中期，各市在 30 年代初制定的建筑管理法规经过一段时间的施行后均开始进行调整，以进一步适应建筑活动管理的需要。从调整后的法规来看，1936 年颁布的《杭州市建筑规则》法条数量增加到 248 条，较 1932 年的规则增加了 23 条。南京市 1933 年的规则有 10 章共 277 条，上海 1934 年的规则内容增加到 10 章共 237 条。从法条总数看，南京最多，杭州法规与上海法规仍十分接近。杭州法规与上海法规均有一定的增长（见表 6-9 ）。

---

① 《上海市政府公报》，1934 年第 147 期。

表 6-9　20 世纪 30 年代中期上海、杭州施行的建筑法规法条数量一览

城市	法规名称	法条数量
南京	南京市工务局建筑规则（1933）	277
上海	上海市建筑规则（1934）	237
杭州	杭州市建筑取缔规则（1936）	248

从各个章节的法条数量来看，《杭州市建筑取缔规则》第一章总纲从原来的 36 条增加到 47 条，第二章建筑通则从原来的 64 条增加到 74 条，第九章草屋则为新增章节，其余章节较旧规则均无太大变化，只有部分规定在施行过程中进行了微小的调整。其行政管理规定及建筑技术准则内容均有一定的程度的增加，其中行政技术条款共 50 条，建筑技术准则条款共计 198 条，建筑技术准则条款占法条总数的 76%。《南京市工务局建筑规则》（1933）行政管理规定部分法条共有 41 条，建筑技术准则部分法条为 236 条，技术准则法条占总数的 85%。《上海市建筑规则》（1934）在章节设置上完全保留了 1928年《上海特别市建筑规则》的所有章节标题，且新增了油池、油栈等建筑物和牛奶棚建筑物两章共 28 条，总法规数量变为 237。其行政管理规定部分共有法条 31 条，包括总纲与附则两章，建筑技术准则共有 206 条，占总数的 87%。可见，在建筑技术准则法条所占比例上，上海（87%）与南京（85%）非常接近，均高于杭州（76%）。杭州法规虽落后于南京、上海，但已经较接近（见表 6-10）。

表 6-10　南京、上海、杭州在 20 世纪 30 年代中期施行建筑法规各章法条数量比较

城市	南京		上海		杭州	
法规名称 法规类别	南京市工务局建筑规则 （1933）		上海特别市建筑规则 （1934）		杭州市建筑取缔规则（1936）	
	章节名称	法条数量	章节名称	法条数量	法条类别	法条数量
行政管理 规定	总则	6	总纲	29	总纲	47
	请照手续	12				
	营造手续	6				
	取缔手续	9				
	罚则	8				
			附则	2	附则	3
	合计	41	合计	31	合计	50

续表

城市	南京		上海		杭州	
建筑技术准则规定	建筑通则	52	通则	71	建筑通则	74
	设计准则	75	设计准则	52	设计准则	59
	防火设备	17	防火设备	17	防火设备	18
	公共建筑	46	旅馆、公寓、医院、校舍等建筑物	9	旅馆、公寓、医院、校舍等建筑物	7
建筑技术准则规定			戏院、影戏院及其他公众集合场所等建筑物	22	戏院、影戏院及其他公众集合场所等建筑物	21
			货栈、工厂、商店及办事处所等建筑物	7	货栈、工厂、商店及办事处所等建筑物	7
			油池、油栈等建筑物	17		
	杂项建筑	46			风景区建筑	7
			牛奶棚建筑物	11		
					草屋	5
	合计	236	合计	206	合计	198

资料来源：《南京市工务局建筑规则》，《南京市政府公报》1933年第125期，第27-61页；《上海市建筑规则》，《上海市政府公报》1934年第147期，第180-210页；《杭州市取缔建筑规则》，《杭州市政季刊》1937年第5期，第2-34页。

进一步分析建筑技术准则内容，《杭州市建筑取缔规则》（1936）关于总体控制的法条数量为26条，技术细节措施共计65条，结构规范为60条，专项建筑技术细节措施为47条。《南京市工务局建筑规则》（1933）中，总体控制类法条为28条，"建筑技术细节措施"类法条为87条，"结构规范"类为75条，专项建筑技术细节措施法条为46条。《上海市建筑规则》（1934）中，总体控制类法条为28条，技术细节措施类共计60条，结构规范为52条，专项建筑技术细节措施为66条。以包含"数据"及"表格"最多的结构规范内容看，南京75条，上海52条，杭州60条，可见南京相对最多，上海与杭州相对接近。建筑技术细节措施中，南京为87条，上海为60条，杭州为65条，南京仍数量最多，上海与杭州相对接近（见表6-11）。

表 6-11　南京、上海、杭州 20 世纪 30 年代中期施行

建筑法规"建筑技术准则"部分法条数量分类比较

城市	南京		上海		杭州	
法规名称	南京市工务局建筑规则（1933）		上海市建筑规则（1934）		杭州市取缔建筑规则（1936）	
	数量	法条内容提要	数量	法条内容提要	数量	法条内容提要
总体控制	28	1.建筑高度；2.建筑面积；3.窗户及通气孔；4.建筑物之突出部分；5.基地之整理；6.里弄	28	1.建筑高度；2.建筑面积；3.里弄；4.起居室；5.突出公路之建筑物	26	1.高度；2.建筑面积；3.突出公路之建筑物
技术细节措施	87	1.墙；2.防火墙；3.地面、楼面及屋面；4.防火材料规定；5.不同材料.部位的防火构造要求；6.防火门、窗构造要求；7.太平门构造要求；8.太平梯构造要求；9.消防设备安装要求；10.火炉及烟囱；11.厕所及化粪池；12.阴沟；13.地下室及地窖	60	1.地面做法；2.墙身墙角墙基；3.拱圈及砖柱；4.防火墙；5.屋面、楼面、烟囱及杂项建筑；6.阴沟；7.防火材料规定；8.不同材料、部位的防火构造要求；9.防火门、窗构造要求；10.太平门构造要求；11.太平梯构造要求；12.楼井及升降梯构造要求；13.消防设备安装要求	65	1.地面做法；2.墙基；3.墙身；4.拱圈及砖柱；5.防火墙；6.屋面、楼面、烟囱及杂项建筑；7.阴沟；8.防火材料规定；9.不同材料、部位的防火构造要求；10.防火门、窗构造要求；11.太平门构造要求；12.太平梯构造要求；13.楼井及升降梯构造要求；14.消防设备安装要求
结构规范	75	1.地基载力及泥土阻力；2.建筑材料之重量；3.屋顶、楼板及楼梯诸载力；4.风力及雪力计算；5.墙壁所受之旁压力；6.建筑材料之安全耐力；7.钢筋混凝土工程；8.钢铁工程	52	1.建筑材料重量；2.屋面、楼面之载重；3.风力；4.泥土载重力；5.砖石木料之载重；6.钢骨三和土；7.钢铁工程。	60	1.泥土载重力；2.建筑材料重量；3.屋面、楼面之载重；4.风力；5.砖石木料之载重；6.钢筋水泥混凝土；7.钢铁工程
其他专项建筑技术细节措施	46	1.戏院、影戏院、游戏场、礼堂、演讲厅等建筑物专门技术细节措施；2.医院、校舍、旅馆、茶园、浴室等建筑专门技术细节措施；3.工厂、货栈、商场等建筑专门技术细节措施	66	1.旅馆、公寓、医院、校舍等建筑物专门技术细节措施；2.戏院、影戏院及其他公众集合场所等建筑物专门技术细节措施；3.货栈、工厂、商店及办事处所专门技术细节措施；4.油池、油栈，牛奶棚等建筑物的专门技术细节措施	47	1.旅馆、公寓、医院、校舍等建筑物专门技术细节措施；2.戏院、影戏院及其他公众集合场所等建筑物专门技术细节措施；3.货栈、工厂、商店及办事处所等建筑物专门技术细节措施；4.风景区建筑专门技术细节措施；5.草屋等的专门技术细节措施

6.2.2.2 内容的比较

由数据性的分析可知，南京法规的总法条数量高于上海、杭州，上海、杭州比较接近，而在建筑技术准则内容占比上南京与上海基本相同，高于杭州。为进一步分析法规的差异，本节将杭州法规与南京、上海法规进行内容比较，进而分析杭州法规与南京、上海法规的异同。

如前文所述，20世纪30年代初期，杭州、上海法规在内容上极为类似，事实上30年代中期两地的法规仍具有较高的相似度。相比较而言，南京的法规与上海、杭州的法规差异性则明显较大。

其一，章节设置不同，南京规则第1—4章将"请照手续""营造手续""取缔手续"等内容从"总纲"中独立出来，而上海、杭州的规则则将上述内容统一于第1章"总纲"中。其二，南京规则中对公共建筑的相关规定较上海、杭州更为全面，设第8章"公共建筑"进行全面论述，上海、杭州规则所涉及公共建筑类型相对较少，规则第5—7章分别就"旅馆、公寓、医院、校舍等建筑物""戏院、影戏院及其他公众集合场所等建筑物""货栈、工厂、商店及办事处所等建筑物"进行了规定（见表6-12）。具体来看，南京规则"戏院、影戏院、游戏场、礼堂、演讲厅"部分的内容较上海、杭州规则的第6章"戏院、影戏院及其他公众集合场所等建筑物"规定更为详细，南京的"公共建筑"所涉及的建筑类型也更为丰富。其三，南京规则"设计准则"部分内容与上海、杭州规则相比，规定也更加具体，从法条数量也能看出三地的差距，南京规则"设计准则"部分法条数量为75条，上海、杭州规则分别是52条和59条。其四，南京规则中的某一些章节上海、杭州规则并未出现，如南京规则中第9章为"杂项建筑"，上海、杭州规则并未设置该章节，仅在"建筑通则"提到与之相关的部分内容[①]。再从规则具体条文内容看，如"建筑通则"中关于"建筑面积"的规定，南京规则对住宅、商业建筑、工业建筑的占地面积分别进行了限定，上海、杭州的规则并未加以细分。拱圈及砖柱的

---

① 南京规则第9章"杂项建筑"为对火炉及烟囱、厕所及化粪池、阴沟、地下室及地窖等构造的详细规定，上述内容虽在上海、杭州规则中有部分体现，但南京规则远较上海、杭州规则详细、具体，其中化粪池、地下室等规定在上海、杭州的规则中并未涉及。

相关内容，上海、杭州的规定较详细，南京则略微简略。总体而言，南京规则更为先进，与上海、杭州的法规有较大差别。

除去详细程度及完善程度的差别外，南京规则与上海、杭州规则还有一些差异难以区分优劣，只体现出各地在具体规定上的一些差别，如具体数据的差异，尤其是数据和表格较多的"建筑通则"及"设计准则"两部分内容。如关于"建筑高度"的规定，南京规则规定高度超过路面宽度的建筑其二层应以 1∶1 的斜度逐层退缩，上海、杭州规则均为 1∶1.5。"设计准则"部分，关于材料载重等数据也与上海、杭州规则略有差别。

总体而言，上海、杭州法规在具体条文上也具有更高的相似性，与南京规则存在较明显的差别。

为进一步分析上海、杭州两地法规的相似性，与形成期一样，笔者对两地相似及完全相同的法条内容进行统计。两地法规中基本相同的法条为 69 条，完全相同的法条为 63 条，两者相加占到总法条数的 1/2 以上。从各章看，第 4、6、7 章法条相似度仍最高，其中第 4 章基本相同的法条为 8 条，完全相同的法条为 9 条，大致占总数的 90% 以上；第 6 章，基本相同法条数量为 4 条，完全相同的法条数量为 14 条，大致占总数的 80% 以上；第 7 章基本相同法条数量为 1 条，完全相同的法条数量为 6 条，相似度为接近 100%（见表 6-12）。由此可见，20 世纪 30 年代中期，杭州法规与上海法规仍具有较高的相似度。从上文分析看，杭州与南京有较大差异，说明杭州法规在一定程度上以上海法规为参照，而不是南京（见表 6-13）。

表 6-12 《上海市建筑规则》(1934)与《杭州市取缔建筑规则》(1936)
各章标题及内容比较

城市	南京			上海			杭州		
法规名称	南京市工务局建筑规则(1933)			上海市建筑规则(1934)			杭州市取缔建筑规则(1936)		
章节	章标题	法条数量	内容摘要	章标题	法条数量	内容摘要	章标题	法条数量	内容摘要
	第一章总纲	6	适用范围	第一章总纲	29	1.适用范围;2.请照手续;3.建筑时之责任及设备;4.罚则;5.取缔危险建筑物。	总纲	47	1.适用范围;2.工程各项程序之承担者规定;3.严禁建筑的范围规定;4.道路转角路线规定;建筑许可证领取相关内容;5.建筑时之责任;6.建筑取缔。
	第二章请照手续	12	1.许可证类别;2.建筑图样、说明书要求;3.领照后应遵照办理事项;4.费用;5.期限及验收要求						
	第三章营造手续	6	施工中应遵守的规定						
	第四章取缔手续	9	1.公共场所、建筑建造之前的申请手续;2.市内房屋的取缔范围及相关规定						

城市		南京		上海		杭州	
章节	第五章建筑通则	52	1.建筑高度；2.建筑面积；3.窗户及通气孔；4.建筑物之突出部分；5.基地之整理；6.墙；7.防火墙；8.地面楼板及屋面；9.里弄	第二章通则	71	1.建筑高度；2.建筑面积；3.里弄；4.起居室；5.突出公路之建筑物；6.地面做法；7.墙身墙角墙基；8.拱圈及砖柱；9.防火墙；10.屋面、楼面、烟囱及杂项建筑；11.阴沟	第二章建筑通则	74	1.高度；2.建筑面积；3.突出街路之建筑物；4.地面做法；5.墙基；6.墙身；7.拱圈及砖柱；8.防火墙；9.屋面、楼面、烟囱及杂项建筑；10.阴沟
	第六章设计准则	75	1.地基载力及泥土阻力；2.建筑材料之重量；3.屋顶、楼板及楼梯诸载量；4.风力及雪力计算；5.墙壁所受之旁压力；6.建筑材料之安全耐力；7.钢筋混凝土工程；8.钢铁工程	第三章设计准则	52	1.建筑材料重量；2.屋面、楼面之载重；3.风力；4.泥土载重力；5.砖石木料之载重；6.钢骨三和土；7.钢铁工程	第三章设计准则	59	1.泥土载重力；2.建筑材料重量；3.屋面、楼面之载重；4.风力；5.砖石木料之载重；6.钢筋水泥混凝土；7.钢铁工程

续表

城市	南京		上海		杭州	
章节	第七章 防火设备	17	1.防火材料规定；2.不同材料、部位的防火构造要求；3.防火门、窗构造要求；4.太平门构造要求；5.太平梯构造要求；6.消防设备安装要求	第四章 防火设备	17	1.规则适用范围；2.防火材料规定；3.不同材料、部位的防火构造要求；4.防火门、窗构造要求；5.太平门构造要求；6.太平梯构造要求；7.楼井及升降梯构造要求；8.消防设备安装要求	第四章 防火设备	18	1.规则适用范围；2.防火材料规定；3.不同材料、部位的防火构造要求；4.防火门、窗构造要求；5.太平门构造要求；6.太平梯构造要求；7.楼井及升降梯构造要求；8.消防设备安装要求
	第八章 公共建筑	46	1.戏院、影戏院、游戏场、礼堂、演讲厅；2.医院、校舍、旅馆、茶园、浴室；3.工厂、货栈、商场	第五章 旅馆、公寓、医院、校舍等建筑物	9	1.建筑高度与防火材料应用；2.太平门、太平龙头等消防设备、公用厕所等设置要求；3小学校舍规定	第五章 旅馆、公寓、医院、校舍等建筑物	7	1.建筑高度与防火材料应用；2.太平门、太平龙头等消防设备、公用厕所等设置要求；3.小学校舍规定

续表

城市	南京			上海			杭州		
章节	第八章 公共建筑	46	1.戏院、影戏院、游戏场、礼堂、演讲厅；2.医院、校舍、旅馆、茶园、浴室；3.工厂、货栈、商场	第六章 戏院、影戏院及其他公众集合场所等建筑物	22	1.防火构造规定；2.建筑疏散要求及相关构造规定；3.观众席构造要求；4.防火墙；5.化妆室设置要求；6.布景储藏室墙体、地板构造要求；7.电气设备安装要求；8.卫生设施要求；9.电影放映室设置要求	第六章 戏院.影戏院及其他公众集合场所等建筑物	21	1.防火构造规定；2.建筑疏散要求及相关构造规定；3.观众席构造要求；4.防火墙；5.化妆室设置要求；6.布景储藏室墙体、地板构造要求；7.电气设备安装要求；8.卫生设施要求；9.电影放映室设置要求
				第七章 货栈、工厂、商店及办事处所等建筑物	7	1.防火构造规定；2.建筑疏散要求及相关构造规定；3.卫生设施要求	第七章 货栈、工厂、商店及办事处所等建筑物	7	1.防火构造规定；2.建筑疏散要求及相关构造规定；3.卫生设施要求
				第八章 油池、油栈等建筑物	17		第八章 风景区建筑	7	关于西湖风景区建筑的附加要求
				第九章 牛奶棚建筑物	11		第九章 草屋	5	1.名称释义；2.使用范围规定；3.管理规定。
	第九章 杂项建筑	46	1.火炉及烟囱；2.厕所及化粪池；3.阴沟；4.地下室及地窖						
	第十章 罚则	8	违反规则的处罚规定	第十章 附则	2	法规颁布的官方说明	第十章 附则	3	法规颁布的官方说明

表 6-13 《上海市建筑规则》（1934）与《杭州市取缔建筑规则》（1936）
表述相似及相同的条文数量统计

章节	章标题	总条文数量		基本相同条文数量	完全相同条文数量
		上海	杭州		
1	总纲	29	47	12	1
2	通则（建筑通则）	71	74	31	7
3	设计准则	52	59	21	21
4	防火设备	17	18	8	9
5	旅馆、公寓、医院、校舍等建筑物	9	7	1	5
6	戏院、影戏院及其他公众集合场所等建筑物	22	21	4	14
7	货栈、工厂、商店及办事处所等建筑物	7	7	1	6
10	附则	2	3	1	0`
	合计	237	248	69	63

尽管杭州、上海法规仍比较相似，但与形成期相比，相似度已有所降低。对比表 6-7 与表 6-12 可以看出，上海法规第 1—7 章较 20 世纪 30 年代初并无太大变化，各章法条数量完全一样，笔者仔细对比两个时期的法规，发现各章涵盖的内容及具体条文也几乎没有变化，表明上海法规具有良好的延续性，同时也说明上海法规在南京国民政府时期制定之初便已相对成熟。其第8、9 两章为专项建筑细节措施新增部分，实为适应新增建筑类型的管理需要而制定。相比较而言，杭州法规较初期调整较大，其中第 1、2 章数量变化较为明显，第 1 章由 36 条调整为 47 条，第 2 章由 64 条调整为 74 条，第 3、4、6 章也有微调，还新增了第 9 章内容。究其缘由，南京国民政府在成立之初，杭州在建筑法规制定上以上海法规作为重要参照，两地法规的相似度较高；但随着城市建设的发展，杭州需根据自身建筑管理的需要对法规进行调整与修订，杭州、上海两地的发展差异使得两地法规的差异逐渐增大，说明杭州法规在具体的实践过程中进一步地方化了。

从具体内容看，上海、杭州两地法规的差别主要表现为一些具体规定及数据规定上的差别，体现出法规的地方化特点与需要，主要有以下几个方面：①总纲部分，杭州规则有"签限"（各类控制线）部分内容，对街道宽度及转弯半径进行细致的划分和规定，以"数字"及"表格"形式对建筑技术指标进行控制，上海的规则并未体现该内容；关于许可证领取部分，杭州区分了许可证的类型并针对各类执照进行详细规定，但上海规则并未详细指出许可证的种类（上海1937年规则也进行了细分）；建筑取缔部分，杭州的规则规定得更为详细，法条数量达到10条，而上海的规则只有2条。因此总纲部分，杭州1936年的规则较上海1934年的规则更为详细。②建筑通则部分，杭州规则与上海规则比较类似，两地规定的类别相同，只是城市发展的差异导致了个别数据上的些许差异：如建筑高度部分杭州规定更为严格，其第50条指出四周用砖墙实砌的房屋内部材料不足以防火时高度"不得超过十五公尺（15米）"，上海规定为"十八公尺（18米）"；里弄宽度方面，上海规定更细，如规定三层及三层以上建筑其前后间距要达到"六公尺（6米）"，杭州则没有此类规定；上海规则专列"起居室"部分的通则，杭州也没有；关于突出街路之建筑物，上海规定也较为严格，如规定沿公路装置的门窗最低部分离人行道面不及2.5米，不允许向公路开启，杭州规定为2米，但杭州规定分类更细。③设计准则部分，两地的规则以数据上的差异及个别特别规定形成各自的体系。如钢筋混凝土工程部分，杭州规则对"L"形梁、柱子所用圆环钢筋等进行了规定，上海规则并未体现，同时杭州规则对混凝土浇筑的工艺规定更为详细，但上海规则对混凝土模板即"木壳"予以限定，杭州规则没有。④各类建筑专门技术准则方面，上海法规有针对油池、油栈等建筑物，牛奶棚建筑物的特别规定，杭州则有针对草屋及西湖风景区的建筑专门规定，形成区别。

　　总体而言，20世纪30年代中期，南京法规无论是在章节设置上还是在具体条文上均与上海、杭州法规存在较大的差异，而杭州、上海两地建筑法规相似及相同的法条占到总数的一半以上，在内容上仍比较类似。但相较于30年代初，杭州的法规与上海法规的相似度逐步降低，杭州法规逐步地方化。

　　通过对第二阶段（形成期）及第三阶段（完善期／维续期）南京、上海、杭州建筑管理法规的比较可以得出以下结论：①第二阶段（形成期）的杭州法规与上海法规有着较高的相似性，其一是数量上的相似，法条总数及建筑技术准则所占比例均较接近；其二是内容的相似，两地法规在章节内容构成上也较为接近，表明了近代边缘城市对主流城市的学习及模仿。②第三阶段（完善期／维续期）杭州市建筑管理法规与上海、南京法规在涵盖内容上比较相似，但在章节构成及具体条文规定上，杭州与南京法规存在较明显差异，与上海法规仍具有较高的相似性，但与第二阶段（形成期）相比，相似度有所降低。表明在实施过程中，杭州的法规进一步地方化，以适应自身管理的需求。

6.3　本章小结

城市建设管理制度的建立和完善是中国近代建筑转型的重要动力。南京国民政府时期，近代中国城市建设管理制度进入快速发展期，各地政府开始积极谋求城市建设管理制度的现代化，不少地方城市建设管理法规均在国家层面法规颁发之前出台，显现出近代地方法规先行的特点，浙江也不例外。南京国民政府成立后，杭州不断完善城市建设管理机构，并颁布和实施了各类现代城市建设管理法规。这一时期，浙江省在近代中国政治地理上的重要性空前加强，成为国家政权统治的强势地带，杭州历经"黄金十年"的发展，初步完成了城市建设管理制度的现代转型，对城市建设及建筑活动的现代化进程具有重要意义。以南京、上海为参照，对杭州的近代城市建设管理制度进行对比和分析，可得出杭州近代城市建设管理制度的特点。

南京国民政府时期，杭州的城市建设管理机构发展均滞后于南京、上海。

在这一时期，杭州设"工务局"管理城市建设与建筑活动，实现了对工程设计、工程营造监督、建筑审批的管理，落实了作为现代建筑活动管理核心的三大权力——立法权、审批权、监造权，但与南京、上海相比较，呈现出一定程度的滞后。杭州市工务局设立之初分为 4 科，将工程设计与工程营建分开。在科室数量上，南京最多，杭州与上海次之。在科室设置上，杭州接近上海（上海将工程设计与工程营造分列"设计科"与"建筑科"负责），职能区分也较为清晰。1929 年 4 月，杭州市工务局从最初的 4 个科室调整为 5 个科室，职能进一步分化，在"行政及管理"体系外还加强了"技术及监督"体系，设备委员会落实材料、工程计划审查、竣工审查等事宜。这一时期，上海的城市建设管理机构由 4 科发展为 5 科，将桥梁、建筑、道路、规划分设不同的科室管理，组织进一步细化。南京市工务局调整为2科6股，总体来看，南京的工务局机构分支最多，上海、杭州次之。与上海相比，杭州市工务局仍未能形成桥梁、道路、建筑等详细分管科室，也未能形成 城市规划专管部门，机构的发展滞后于上海。1931年9月以后，杭州市政府组织缩小，工务局改为工务科，由原来的5科变为4股，机构规模缩小。南京市这一时期的机构未发生明显变化，上海机构则进一步完善（增设材料股），相较于南京、上海，这一时期杭州的城市建设管理机构发展存在一定的滞后，体现出其城市建设现代转型的局限性。总体来看，杭州与南京、上海在现代城市建设管理机构设置上存在比较大的差距。

南京国民政府时期杭州的现代建筑管理法规发展已经接近南京、上海。

20世纪30年代初（第一阶段，形成期）颁布的《修正杭州市建筑暂行规则》（1932）共225条，《上海特别市建筑规则》（1928）法条数量为209条，杭州规则与上海规则法条数量接近。法规的技术准则条文尤其是以数字、表格等量化表达及限定的"技术理性"内容，上海为85%，杭州为83%，较为接近。从具体内容看，上海、杭州两地法规相似度较高，其中两地法规基本相同或完全相同的法规占据总法条数量的2/3以上，且在各章章节标题及涵盖内容上均非常接近，体现出了近代边缘城市对主流城市的学习和模仿。

20世纪30年代中后期（第三阶段，完善期/维续期），《上海市建筑规则》（1934）法条数量增加到237条，《杭州市建筑取缔规则》（1936）法条数量增加到248条。这一时期，首都南京颁布了《南京市工务局建筑规则》（1933），总法条数量为277条，较上海、杭州更为详细。杭州规则与上海规则仍十分接近。从建筑技术准则条文所占比例看，上海为87%，南京85%、杭州为76%，上海与南京接近，均高于杭州。

从具体内容上看，第三阶段杭州市建筑管理法规与上海、南京法规在涵盖内容上比较相似，但在章节构成及具体条文规定上，杭州与上海具有较高的相似性，与南京法规存在较明显差异。南京规则更为先进，与上海、杭州法规有较大差别，除章节设置的差异外，南京规则对公共建筑、设计准则等部分内容的规定较上海、杭州更为全面。杭州、上海两地法规基本相同及完全相同的法条占据总数的 1/2 以上，在第 1—7 章标题及所涵盖内容上仍极为相似。此外，与上海规则一样，杭州规则技术准则类条文的量化表达，即通过数据与表格进行限定的内容覆盖面极大，表明建筑管理的"技术性"含量。上海、杭州法规在仍有较大相似性的同时，相比较于 20 世纪 30 年代初期，两地法规的相似度有所降低。上海法规除新增两章专项建筑细节措施内容外，其余各章标题与法条数量均无变化，具有良好的延续性，但杭州法规则在各章法条数量与内容上均有一定调整，在实施过程中进一步适应自身管理的需求而实现"地方化"，因此与上海法规在逐步发展的过程中进一步拉开了差距。

参考文献：

[1]李海清．中国建筑现代转型 [M]．南京：东南大学出版社，2004.

[2]唐方．都市建筑控制——近代上海公共租界建筑法规研究（1845—1943）[D]．上海：同济大学，2006：19.

[3]汪林茂．浙江通史·清代卷（下）[M]．杭州：浙江人民出版社，2005.

[4]伍江．上海百年建筑史（1840—1949）[M]．上海：同济大学出版社，1997.

[5]中华人民共和国杭州海关．近代浙江通商口岸经济社会概况——浙海关瓯海关杭州关贸易报告集成 [M]．杭州：浙江人民出版社，2002.

7

近代后期杭州城市建设的兴盛发展
（1927—1937 年）

7.1 南京国民政府时期杭州的城市规划

1927 年南京国民政府成立之前，杭州没有真正意义上的城市规划，设市后，城市规划工作开始得到重视，但还未形成完整意义上的现代城市规划体系，城市规划层面的举措比较复杂和混乱，但总体来看，杭州在南京国民政府时期的城市规划大致可概括为两个层面的内容：一是城市总体规划层面的建设计划及规划；二是城市详细规划层面的局部规划。在城市总体规划层面上，这一时期杭州的市界历经多次调整，杭州市区设计图完成，对城市功能分区、道路及沟渠系统等进行了规划。城市详细规划层面上的局部规划，政府多以行政计划纲要的形式进行，杭州市政府每年就市区各路路线划定、街道宽度、西湖疏浚事业、住宅及公用建筑、公园、公墓等做出计划，以局部规划来指导城市的相关建设。城市详细规划层面的建设计划是城市建设的总体导向，对这一时期的杭州城市建设起到一定的促进作用，同时杭州近代城市的局部规划作为具体建设的参照也曾对城市建设的现代化进程产生积极的意义。

7.1.1　城市总体规划层面的建设计划及规划

7.1.1.1　城市用地范围的扩大

杭州市的城市用地范围历经多次调整，设市之初（1927）划定范围为：杭县所属城区及西湖之全部，东南沿海塘至钱塘江边闸口一带，西至天竺云栖，北至笕桥及湖墅拱宸桥。至1927年7月，杭州市的城市用地范围调整为："东面沿江一带，上自江干区起，沿会堡皋塘两区，下至乔司区为止，南面至江干区为止，北面至湖墅区为止，西面上自江干区起，至西湖区，旁及钦履区、留下镇及调露区为止。"1927年10月，杭州市区范围再次调整为包括城区、西湖、湖墅、皋塘、会堡及江干等6区，乔司及调露两区及钦履区、留下镇重新划入杭县[①]。1930年6月浙江省土地局制作的"杭州市区疆界图"中，乔司区、皋亭区、调露区、钦履区均不在市区范围内。此后，杭州又于1932年及1936年两次议定市县界线[②]。在1930—1934年的杭州市区行政区划建置中，市区范围有所调整。最后一次改划市县界线是为筹辟九溪公园，经历几次市界划定后，城市范围不断扩大，全市面积达到250.835平方千米。

7.1.1.2　城市功能分区

西方城市规划史中城市功能分区的规划思想源于法国建筑师托尼·嘎涅（Tony Garnier，1869—1948）的"工业城市"（1904年）设想[③]，此后20世纪20年代开始流行"功能城市"理论，并在20世纪20年代末期国际现代建筑会议（CIAM）第一次会议中正式提出，1933年正式写入《雅典宪章》。

[①]　1927年10月，《杭州市暂行条例》经浙江省政府委员会第39次会议议决修正，其中第3条规定调整杭州市区范围。

[②]　浙江省民政厅以市县接线尚多犬牙相错之处为由派员重新查勘，1932年5月确定新的界线：西南界线，自之江文理学院西面江口大路起，循路之曲折，蜿蜒达于狮子峰之顶，跨天竺山，斜趋石人岭、石头山，循路由美人峰至北高峰，横贯桃源岭，由椅子山till秦亭山至古荡，以于旧界相会，西北角界线，由汽车路洋桥入河，过和睦桥，沿周家桥，侧折转严家桥，循河至汽车路，出拱宸桥，以运河为界；北部界线，由长桥起，经永安桥折向北，循河直趋至河流转弯处，桥东经锁梁桥，至施行桥，又折南过金典桥，随河流曲折至严家桥，以与旧界相会。到1936年，市政府筹辟九溪公园，再次改划市县界线。参见：杭州市档案馆：《民国时期杭州市政府档案史料汇编》，1990年。

[③]　托尼·嘎涅于1904年提出了"工业城市"的基本内容，1917年出版了专著《工业城市》，阐述了他关于工业城市的具体设想，其目的在于探讨现代城市在社会和技术进步的背景中的功能组织。

近代杭州于南京国民政府成立后开始对城市功能分区进行规划，基本上与当时西方城市规划的发展同步。城市功能分区是现代城市规划城市总体布局中的重要内容，也是南京国民政府时期杭州城市规划的主要内容之一。商品经济的发展、交通方式的改变都会对城市功能产生影响，导致城市功能日益复杂。1927年设市之初，工务局曾经制订行政计划纲要，主要内容为测量全市土地、市区设计 [①] 两项，其中市区设计将城市功能分区作为首要设计内容。1927—1937年间，杭州城市功能分区历经多次调整（见表7-1），城市功能分区不断完善，主要表现在以下4个方面：城市功能分区逐步细化；各功能分区之间的联系不断加强；逐步重视城市生产性功能区块的比例；逐步重视风景区在杭州城市中的地位。

表7-1　不同年份杭州城市功能分区数量比较

年份	功能分区数量	具体功能分区
1927	5区	工业区、住宅区、商业区、学校区、政务区（行政区）
1929	9区	工业区、住宅区、商业区、教育区、行政区、码头区、农业区、风景区、森林区
1932	6区	中心区、工业区、住宅区、商业区、政治区（行政区）、风景区
1934—1937	13区	工业区（3个）、住宅区（2个）、商业区、文化区、行政区、风景区、森林区、农业区、码头区、园林区

资料来源：杭州市政府编辑股：《三个月之杭州市政》，1927年，第68页；《本市十八年份工务行政概况》，《杭州市政月刊》，1930年，第4页；《杭州市分区计划》，《杭州市政季刊》，1933年，第5-6页；阙维民：《杭州城池暨西湖历史图说》，浙江人民出版社2000年版，第215页。

（1）城市功能分区逐步细化

从表7-1中可以看出，南京国民政府时期杭州城市功能分区的每一次调整都对城市功能有更细致的划分。1927年，杭州市工务局行政计划纲要确定了杭州城市功能包括工业区、住宅区、商业区、学校区、政务区（行政区）等5种区域。到1929年，工务局已经将城市功能划分为工业区、住宅区、商业区、教育区、行政区、码头区、农业区、风景区、森林区等9种区

---

① 市区设计包含以下内容：（1）划分市内区域；（2）厘定街道系统；（3）市内道路的修造及城垣拆除；（4）计划电车及公共汽车路线；（5）筹设市内自来水；（6）筹划全市沟渠系统；（7）疏浚西湖；（8）修筑市内水道、桥梁及码头；（9）公园、体育场、公墓及其他公共建筑物的建设。参见：杭州市政府编辑股所编的《三个月之杭州市政》，1927年，第68页。

域①，在 1927 年基础上增加了码头区、农业区、风景区、森林区等 4 种功能分区。1932 年，杭州市政府又拟定了《杭州市分区计划》，首先划定市中心区，并将市区划分为政治区、商业区、工业区、住宅区和风景区。功能分区数量较 1929 年规划有所减少，但该计划划定了市中心区域，此前 1927 年、1929 年的规划均未提及。1934 至 1937 年间，杭州市又进行了规划的调整，全市有工业区 3 个，住宅区 2 个，商业区、行政区、风景区、森林区、农业区、码头区、园林区、文化区各 1 个，共 13 个规划区（阙维民，2000），功能分区进一步细化。与古代城市相比，现代城市规模扩大，工商业发展、城市交通方式的改变及各类新兴行业的出现使城市功能日益复杂，因此在功能划分上较古代城市更为细致。随着城市的不断发展，城市规划也在适应城市的发展，不断在城市功能分区上进行细化和调整，而城市功能分区的细化和调整又反过来进一步促进了近代杭州的城市发展与现代化进程。

（2）各功能分区之间的联系不断加强

经历多次调整，杭州在南京国民政府时期的城市各功能区块间的联系不断加强，各功能区块互相支持和补充的现象愈加明显。1927 年，城市功能的分区遵循"铁路航路相近之处工厂设立必多而成工业区，地位偏静者则居民辄多卜居之而成住宅区，位乎市之中心而又有各方交通之联络、车马辐辏为百货交易之所即成商业区，其他如学校区、政务区皆随自然之法则以判别"的原则（杭州市政府编辑股，1927）。可以看出，城市功能区间相互独立，并未形成紧密联系。1929 年的城市功能分区"以城区及湖墅拱宸桥沿街一带为商业区，拱宸桥西岸及江干、闸口为工业区，沿钱塘江一带为码头区，笕桥附近为农业区，艮山门车站为中心、直径一千公尺的圆周为行政区，浙江大学所在地一千公尺见方为教育区，松木场、青石桥及上塘河一带为住宅区，新市场沿西湖一带为风景区，西湖西南山林为森林区，各区均设交通中心，联

---

① 《杭州市政》月刊记载："兹参酌地方情形，及将来发达趋势，将全市划分为商业，工业，码头，农业，行政，教育，住宅，风景，森林等九区，以为市政设施之根据。"参见：《本市十八年份工务行政概况》，《杭州市政》1930年第3期，第4页。

络干线,以利交通"①。城市各功能区块间依旧相对独立,工业区、农业区位于城市外围,商业区、行政区、风景区联系薄弱,但已经提出设各区交通中心、各副中心间设置交通干线以加强联系的概念。到 1932 年,功能分区规划中②将"本市城北一带"划为中心区,中心区的核心地带设政治区(行政区),政治区(行政区)四周划为大商业区,需"交通便利",位于"车站轮埠之附近"。对单一的城市功能区块进行合理的功能补充,如城市中心区的核心地带划为政治区(行政区),商业区环绕政治区(行政区),已充分考虑城市中心区、政治区(行政区)、商业区之间的功能联系与功能配伍,形成一定程度的功能交叉与功能混合。工业区、住宅区则分散布置,工业区还根据不同的工业类型分开设置,同时工业区、行政区、商业区均与城市交通枢纽形成一定的联系,符合现代城市的功能运作需求(见图 7-1)。1934—1937 年间的城市功能分区则将行政区设于城市中部(见图 7-2),即市中心与城市地理中心的位置基本吻合,北面的园林区与西南侧的风景区、森林区是城市的景观带,商业区、住宅区、文化区围绕行政区周边布置,工业区处于城市外围,各功能区块间的联系愈加紧密,行政区、商业区、住宅区及文化区形成功能配套,而城市风景区也对城市其他功能区块形成一定的良性影响。

---

① 《杭州市政》,1930年第3卷第9期。

② 1932年《杭州市分区计划》首先划定了市中心区,并将市区划分为政治区、商业区、工业区、住宅区和风景区。其中市中心区为"本市城北一带",选定的理由是"艮山门为沪杭江墅两铁路之交,武林门乃公路总车站所在地,而地面空旷,无名胜古迹及已成之大建筑物存在期间",可"从容布置"。可见计划已经充分考虑实施问题,选址交通便利、场地空旷,便于长期规划。除市中心外,该计划将杭州城区划分为政治区、商业区、工业区、住宅区和风景区,规划中充分考虑了各个区块的功能与所需条件。市中心的核心地带设政治区。政治区域四周划为大商业区,需"交通便利",位于"车站轮埠之附近"。考虑到工业区需有便捷的交通,且应处于下风向,因此工业区规划于"湖墅区拱宸桥四周一带"、"二凉亭至拟定飞机站沿江一带"及"笕桥至七堡直出干路东首塘外地区内",其中制造火药、火油、动物质原料等具有引火性、毒性的工厂只准在笕桥至七堡直出干路东首塘外地区内建筑。住宅区则为政治区、商业区、工业区及风景区之外的区域。此外,松木场南首、里西湖及南山路一带划为风景区住宅,净心亭、白乐桥、岳坟、茅家埠、于坟、八卦田、六和塔等地为新村区。

图 7-1　杭州市政府分区计划草图

资料来源：阙维民：《杭州城池暨西湖历史图说》，浙江人民出版社 2000 年版，第 209 页。

图 7-2　杭州新都市计划图

资料来源：阙维民：《杭州城池暨西湖历史图说》，浙江人民出版社 2000 年版，第 215 页。

（3）逐步重视城市生产性功能区块的比例

对比 1932 年《市政府分区计划草图》及 1934 年《杭州新都市计划图》可以看出，1932 年分区中工业区的范围包括两块——杭州城北区块及杭州东南部一狭长地块，1934 年的工业区范围明显增加，除了原有区域外，在杭州城市东北角又新辟出一块工业区。可见经过调整，工业区的数量与用地面积所占比重增加，表明城市规划中对生产性功能区块的重视，现代工商业（尤其是工业）的发展是近代城市现代化进程的重要推动力，可见杭州的功能分区设计已经是现代城市规划理念指导下的产物。

（4）逐步重视风景区在杭州城市中的地位

从表 7-1 中可以看出 1927 年规划中并没形成风景区的城市功能定位，但此后历次调整的城市功能分区中皆有"风景区"的设置，由于西湖赋予了杭州独特的自然景观及人文历史条件，因此 1929 年之后的规划均将西湖风景区独立出来，体现了现代城市规划对城市景观的重视，也体现了近代杭州城市规划的独特性。1932 年规划还明确给出了"风景区"的界线，由于西湖风景区被认定为"杭市命脉所系"，因此规划"务求远大，限制亦应从严"，划定范围为"北至西溪东至三台湾，湖滨路，南山路，纬四路，江墅路，商业地带背面及馒头山麓之林荫道路，南至江干工业区北面及钱塘江边，西至市界"[①]，突出了杭州作为旅游休闲城市的规划定位。1934—1937 年间的杭州新都市计划中，杭州作为休闲旅游城市的发展定位更为清晰，不仅详细界定了风景区的界线，同时还划出风景区周边的风景区住宅，凸显出风景旅游城市的特色，1934—1937 年的杭州新都市计划在风景区、森林区划分的基础上又增加了北部的园林区，进一步形成杭州城市景观规划的特点。可见，南京国民政府时期，风景区在杭州城市功能中的地位随着历次规划调整变得愈加重要。

7.1.1.3 城市道路系统规划

中国近代城市规划与建设实际上始终贯穿着以道路修筑为主的城市建设活动，大规模辟筑现代化道路，修筑桥梁、码头，推进了城市市政建设与管

---

① 《杭州市政季刊》，1933 年第 1 卷第 1 期。

理的现代化。关于城市道路的规划，1927 年设市之前，杭州仅新市场一带及城站附近道路略具现代城市路网格局，其余皆为旧式街巷，设市后，杭州市工务局对市区道路进行了多次规划，总体来看，南京国民政府时期杭州市对城市道路系统的规划可分为两个层面：城市总体规划层面的道路系统规划；中心城区（老城区）的道路系统规划。

（1）城市总体规划层面的道路系统规划

从道路规划与实际实施的情况来看，杭州市工务局规划与实施的重点仍为中心城区（老城区）范围，从近代杭州留存地图看，杭州中心城区（老城区）之外的广大市区范围并未展开真正意义上的现代道路建设。尽管如此，工务局也曾对城区之外的市区道路进行规划，20 世纪 20 年代末期之后，西方城市规划理论的发展步入了另一历史新阶段，"都市计划"开始被引进中国（邹东，2012），并逐渐影响全国各大中城市，杭州也在此背景下展开了对全市的规划。对于城市道路系统的规划，从 1930 年 4 月的杭州市区设计图（见图 7-3）可以看出，在大城区范围内，城市主次干道区分明显，城市道路系统以格网为基础，并辅助以局部的环路，放射路形成副中心之间的主干交通，形成明显的城市副中心，同时注重城市轴线式的布局。对比市区设计图与1934 年杭州新都市计划图可以看出，行政区（即市区设计图中的中心区块）采用了放射状道路联系城市其他副中心，城市中心区（行政区）与城市的几何中心基本重合，城市道路的规划充分考虑了城市功能的需要，采用了当时普遍流行的规划手法，是对西方功能主义布局结构的模仿。

图 7-3 杭州市区设计图（1930）

资料来源：张燕镭：《杭州近代城市规划历史研究（1897—1949）》，武汉理工大学 2007 年硕士学位论文，第 35 页。

（2）中心城区（老城区）的道路系统规划

南京国民政府时期杭州中心城区的道路系统规划共经历了四个发展阶段：道路等级的初步划分（1927）；道路等级的重新划分及细化（1929）；城市干道概念的出现及等级划分（1930）；城市主次干道等级进一步细化（1937）（见表7-2）。

表7-2　杭州南京国民政府时期历次道路规划比较

	1927年道路系统规划	1929年道路系统规划	1930年道路系统规划	1937年道路系统规划
等级	5等	6等	不详	7等
宽度	不详	3~35.5米	不详	3~24米
道路系统规划中的主次干道概念	无	无	有	有
转弯半径规定	无	无	无	有

资料来源：笔者根据相关史料整理。

①道路等级初步划分（1927）

道路分级是西方现代城市规划的重要指导思想，由于城市功能的日益复杂，对道路实行等级划分，能更好地适应现代城市发展的需要。如前文所述，早在1913年杭州新市场开发时，已将道路规划为2等，这可视为杭州近代最早的现代意义上的城市道路分级。1927年设市之初，根据城区原有格局，工务局开始规划城区道路，在中心城区进行道路等级划分。杭州市工程局拟定《改造杭州市街道计划意见书》①，其附图"拟定杭州市街道路线号数图"②（见图7-4）为杭州市道路工程规划设计图，该计划将道路按宽度划分为5等，从图纸上看，当时规划的1等道路除环城马路外，还有通南北和东西的两条马路，将杭城分为4个相对平均的区块。2等马路有两条，均为东西向，位于东西向1等马路的南北两侧，用1等马路将划分的4个区块又再次一分为二，形成整个城市的8个区块。3等马路同样是将2等马路划分的区块进一步细分，由1、2、3等道路基本上构成城市大体道路网络，4等、5等道路则是小区块内部联

---

① 由韩缊士、徐世大、何之泰撰写。

② 图纸比例为1:10000，图中道路、街巷均用代码编号表示。参见：阙维民：《杭州城池暨西湖历史图说》，浙江人民出版社2000年版，第208页。

系通道（相当于现在的城市支路），初步形成了杭州城市路网等级。

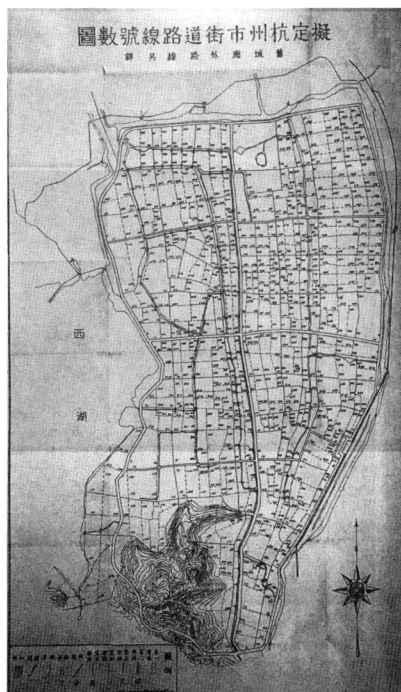

图 7-4 拟定杭州市街道路线号数

图片来源：阙维明：《杭州城池暨西湖历史图说》，浙江人民出版社 2000 年版，第 208 页。

②道路等级重新划分及细化（1929）

杭州市工务局虽于设市之初对中心城区道路划分了等级，但并不完善。因此，1929 年工务局对城区道路等级进行了重新设计，根据实际情形，进行分区设计：第一，工商业区道路划分为 5 等，宽度从 35.5 米至 10 米不等；第二，教育、行政、码头、风景等区分为 6 等，宽度从 35.5 米至 3 米不等；第三，森林、农业、住宅等区分为 4 等，宽度 17 米至 9 米，其园林大道的宽度与风景区 1 等路相同，公弄分为总弄和支弄，分别宽 5 米和 3 米（《市政月刊》，1930）。此次道路系统规划脱离了原本对城市道路笼统进行等级划分的方式，根据各功能分区实际的交通需要分区对道路等级进行划分，体现了对城市道路系统进行区域化分级的理念，在特定地段（如教育、行政、码头、风景区等）已经出现了 6 等道路，这较之前统一划分为 5 等的道路系统进一步细化，表明城市道路系统规划随着城市功能分区规划的发展进一步细化和完善。

在分区考虑城市道路等级的同时，1929 年规划还对全城交通进行通盘考虑，以拆除老城墙、建设环城一等马路，沿中河（今杭州中河高架）贯通南北，新开一等路横向连接东西，于上城、中城、下城，分贯三条 2 等路，进一步完善城市路网。

③ 城市干道概念的出现及等级划分（1930）

除了城市道路等级的划分外，城市主次干道概念的出现及等级区分体现了西方现代城市规划理论对于城市交通快速发展的考虑。城市主干道、次干道[①] 概念是西方近现代城市规划理论的重要概念，最早由西方传入中国，上海租界在 1865 年就已经出现"干道"的概念，杭州近代城市规划发展滞后于上海。根据笔者已收集到的杭州近代城市市政及规划史料看，1930 年以前，杭州虽对城市道路等级进行了划分，但还未出现城市主次干道的明确概念。1930 年 12 月，杭州市参照欧美城市道路宽度规定绘制了城区的干路计划图（见图 7-5），从现有资料看，这应是杭州近代第一次明确提出城市"干路"的现代城市规划概念。该计划将城区干路划分为 2~4 等，其中 2 等道路宽 28 米，3 等路宽 20 米，4 等路宽 16 米。从图 7-6 中可以看出，2 等道路有环绕中心城区的环城马路、南北向主干道中山路、中部东西向主干道纬三路（新民路）以及新市场的平海路、延龄路。从北至南共有 4 条东西向干路将城区均匀划分，分别是纬一路、纬二路、纬三路及纬四路，除之前提到的纬三路为 2 等道路外，纬一路、纬四路均为 3 等干路，纬二路则为 4 等干道。除中山路之外的南北向干路共有 4 条，基本为 4 等道路，只在连接新市场及城站时道路等级提高到 2 等或 3 等。从整个中心城区看，南北向、东西向城市干

---

① 主干道为连接城市各主要分区的干路，以交通功能为主，为联系主要道路之间的辅助交通路线。次干道是城市的交通干路，以区域性交通功能为主，兼有服务功能，与主干道组成路网，广泛连接城市各区与集散主干路交通。

道基本呈网格状分布，将城区划分成比较均匀的方格状街区。城市主干道的进一步确定是在此前道路等级划分的基础上对城市道路系统的再次优化。

图 7-5　杭州市城区干路计划图

资料来源：阙维民：《杭州城池暨西湖历史图说》，浙江人民出版社 2000 年版，第 208 页。

④ 城市主次干道等级的进一步细化（1937）

根据史料记载，1937 年，杭州工务局根据杭州旧有道路及其交通情形，明确将城区道路分为干道及支路，并拟定适宜的宽度。其中南北向道路为交通干道，以中山路为中心，同时附以平行线 2 条；东西以新民路为中心，附以平行线 5 条。其余以地段情形依照等级妥善支配，并与各干道互相联络，沿着老城墙仍为环城马路。在路名的安排上，东西向的道路称为"街"，南北向称为"路"，弯曲的支路沿用原有巷弄名称。道路等级分为 7 等，最宽的为 24 米，最窄的为 6 米，同时规定公弄宽度为 4.5 米，支弄宽度为 3 米（见图

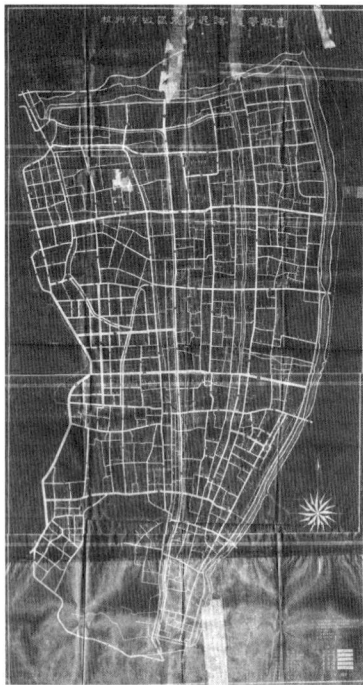

图 7-6　杭州市城区及附近道路等级

资料来源：杭州市图书馆。

7-6）。对所规定的不同等级道路相交处的转弯半径也进行了规定①。上述计划从一定意义上奠定了杭州中心城区的现代交通格局和路网格局。相较于之前的历次规划，此次杭州中心城区道路系统的规划更为完善，主要体现在以下 3 个方面：第一，城市"干路"与"支路"的概念进一步明确，1929 年规划仅提出了"干路"概念，并未对"支路"进行任何说明；第二，道路等级划分进一步细化，此前 1927 年规划道路为 5 等，1929 年为 6 等，此时（1937 年）已经增加到 7 等；第三，对各等级道路相交处的转弯半径的规定也是此前规划从未提及的内容，现代道路为适应机动车的通行必须设置足够的转弯半径，而杭州此前的规划并未详细提及，因此这也是 1937 年规划的一个重要进步。

总体而言，南京国民政府时期，杭州市政府对城市道路系统的规划不断发展完善，在总体规划层面的道路系统规划中，与主流城市一样，采用了西方城市规划理念进行规划，格网、环路与放射性路网相结合的路网结构、明显的主次干道区分、多个城市副中心都采用了当时西方现代城市规划的手法，具有一定的代表性。在中心城区范围内，城市道路系统从 1927 年仅有道路等级划分到 1937 年形成城市主次干道及道路等级细分，历经 4 次调整，新的道路规划逐渐将原来传统城市以步行为主导的道路改进为适应现代都市需求的机动车道路系统，城市道路等级、主次干道的划分及城市道路转角半径等内容体现出西方现代城市规划理论的应用，也体现出现代城市道路系统规划对城市交通及城市功能的重视。

---

① 杭州市政府秘书处：《杭州市政府十周年纪念特刊》，1937 年。

7.1.2 城市详细规划层面的局部规划

7.1.2.1 城市新区规划

南京国民政府成立后，如多数中国近代重要城市一样，杭州市政府也开始着手于城市新区的规划。传统杭州老城主要依托于钱塘江以北、西湖以东的区域发展，到1937年，杭州市政府已经有了跨江发展的规划，制定了"开辟西兴区计划"，筹划建设城市新区（西兴区），选址在钱塘江南岸萧山县的西兴镇。西兴镇与杭州市仅一江之隔，是杭州与浙东各县交通的要道，浙赣铁路开通后，钱塘江两岸关系日益密切，钱塘江大桥竣工后其重要性更加凸显出来。规划开辟的西兴区预定面积为80平方千米，三面临江，水陆交通均极为便利，新区的功能定位为工商业区域。杭州老城背山面水，城市发展受地形的限制较大，城市功能不易拓展，相比较而言，在老城之外开辟新区即是新辟了独立的城市用地，"一切设计将不受已成事实的限制"，可着手在钱塘江南侧平坦的用地上进行新的城市开发和建设，"可采取分区办法，依据所有土地的使用性质，划分为若干区域，同时订立条律对各项建筑加以限制，实现统一规划"[①]。与城市原有建成区域相比，功能分区更加自由。

由于抗战的爆发，上述计划并未实施，但该计划的制定表明南京国民政府时期的杭州与国内其他重要城市一样，已经在展开城市新区的规划工作。而在钱塘江南岸设立新区，也正是当前杭州城市发展和建设的重点之一，六七十年前的规划与今日杭州城市跨江发展的城市规划[②]几乎不谋而合。而今这一规划理念已得以实现，由此也足以证明当时城市规划设想的合理性与前瞻性。

---

① 杭州市政府秘书处：《杭州市政府十周年纪念特刊》，1937年。

② 2001年2月，经国务院批准，杭州经历了一次行政区域上的划分。一份酝酿长达10年的《杭州市城市总体规划（2001—2020年）》编制完成火热出炉。在该规划中，杭州首次以书面的方式提出了城市发展方向，即：城市东扩，旅游西进，沿江开发，跨江发展，实施"南拓、北调、东扩、西优"的城市空间发展战略。同时，提出了城市布局形态：从以旧城为核心的团块状布局，转变为以钱塘江为轴线的跨江、沿江、网络化组团式布局，形成"一主三副、双心双轴、六大组团、六条生态带"开放式空间结构模式。由此，杭州迈出了从西湖走向钱塘江的第一步。详见http://www.lianfasan.com/jing-ji-lun-wen/3634863.html。

7.1.2.2　城市住宅规划

随着城市人口的增加，城市住宅规划成为现代城市规划的重要内容。1933 年《雅典宪章》提出城市的四大基本活动为"居住、工作、游憩和交通"，居住是城市的最重要的功能之一，因此城市住宅的规划对现代城市发展至关重要。南京国民政府时期，杭州市政府对城市住宅区进行了规划设计，将城市住宅分为普通住宅及风景区住宅两种。

（1）普通住宅规划

由于工商业的发展，城市人口大量集聚，杭州市政府为解决居住问题，一度计划和建筑平民住宅，分为甲乙两种[①]。"甲种以十二宅为组，四周围以十公尺之街道，中留小公园设公井及洗衣处，四角建公厕，每宅占地 573 平方公尺，建筑面积 168 平方公尺，约占全面积十分之三点五，乙种住宅合二宅为一小组，中有公井及洗衣处，十二小组为一大组，四周围以十公尺宽之街道，中留小公园，四角建公厕，每宅占地 528 平方公尺，内建筑面积 186 平方公尺，约占全面积十分之二点八。"[②] 从上述记载看，这一时期杭州市政府已经开始规划现代住宅，住宅及其周边道路统一规划，已经有了现代公共市政设施，如公厕、公井、洗衣处等，也有了公共绿地、公园等城市景观与居民游憩场所，使居住与休闲相结合，这些都已是现代住宅配套设施，与中国传统住宅有极大差别。从住宅种类看，所规划的甲、乙两种住宅可适应不同的场地与规模需求，充分考虑了实际操作问题。

上述住宅规划在南京国民政府时期得到了落实，1930 年 9 月，杭州市政府在大教场一带建设公共住宅，杭州市工务局报告中指出，"大教场演武厅有公地十三亩一分六厘，计划建筑公共住宅，除划出公路外可建造住宅三十幢"[③]。杭州市政府 1931 年 1 月至 6 月的施政方针中又提到住宅建设问题，"拟建造平民住宅，以供市民住用……拟先建一区，分为二十四宅，每宅四家，

---

① 《市政月刊》，1930 年第 3 卷第 1 期。
② 《市政月刊》，1930 年第 3 卷第 12 期。
③ 《市政月刊》，1930 年第 3 卷第 12 期。

每家平屋三间，约共需费五万元，即以最低之租额放租，以利民住"①。可以看出，实际实施的住宅区与之前的规划略有出入，但统一规划、成组建造的理念是一致的。

（2）风景区住宅规划

鉴于杭州拥有西湖之得天独厚的景观资源，政府展开了风景住宅区的规划。1930年8月，杭州市政府工务局报告记载了关于南山路附近住宅区的规划，指出"涌金闸水之南、南山路之西北沿湖一带拟辟为高等住宅区"②。工务局在南山路一带规划风景区住宅，划出678亩（约45.2公顷）的用地，地块内道路及公共设施用地规划为241亩（约16.07公顷），占全部用地的35%，规划的每栋住宅进深38米、宽19米，占地一亩零八厘（约722平方米），共规划住宅389栋③。从计划内容看，当时规划的风景区住宅已经达到一定的规模，且对市政配套设施较为重视，占地达到了35%。除涌金桥至清波门一带，《杭州市政府二十年度施政方针》中也指出了在西湖南山路至城隍山一带建设新村的计划④。

1931年，杭州市政府拟定南山路风景区住宅区计划图及实施计划大纲呈请省政府核准，省政府建设厅认为道路布置及土地分割"合乎都市计划原理"，但对道路宽度等局部问题做出标示，"即请核饬重行计划，至公共用地如何收买、土地面积如何划分与整理均须妥订办法以免障碍而利进行……"⑤即指出了城市风景区、城市公共设施与城市风景区住宅用地之间均需辩证考虑。之后杭州市工务局对计划进行修正，就道路路线、宽度、风景区古迹的保存与公园建设等做出调整，如涌金桥南拟拓宽道路移到桥北与兴武路成一直线，涌金门南有一地方保留用作附近居民、儿童游息处⑥等，从工程的可实施性、合理性方面充分完善计划，切实考虑拆迁房屋的数量、市民的生活配

---

① 《市政月刊》，1931年第4卷第4期。
② 《市政月刊》，1930年第3卷第12期。
③ 《市政月刊》，1930年第3卷第12期。
④ 《市政月刊》，1931年第4卷第9期。
⑤ 《市政月刊》，1931年第4卷第2期。
⑥ 《市政月刊》，1931年第4卷第7期。

套设施。调整后的计划较 1930 年的规划更为完善，充分考虑了公共景观与公共游憩场所的设计。城市住宅的规划在一定程度上反映出城市居民生活的状态，住宅区公共设施和公共空间的设计表明当时杭州城市居民的生活已经开始向现代城市生活方式转变。

1933 年 3 月，杭州市政府工务局开始标卖风景住宅区沿湖宅地，[①] 价格定为 3 种，每亩 5000 元、4200 元与 3600 元不等[②]。限于史料，笔者善未能找到该计划的具体落实情况记载，但从史料零星的记载片段中可以看出当时已有统一的住宅规划，在城市分区规划下的住宅区建设不同于传统城市零散的住宅建造，"所有公共娱乐应占之地，已由本府预为保留"，可见当时的政府已经意识到公共空间对于城市发展的重要性，既要建设风景区住宅，又需保留沿西湖的公共设施及风景区用地，体现出在保护风景区的同时充分利用风景区的统筹规划的设计思想。同时，城市公共设施、城市公共用地的统一规划也表明当时已采用现代城市住宅区规划理念，具有一定的进步意义。

总体而言，由于地域及历史条件的限制，近代杭州并未形成与主流城市完全相当的城市规划和建设过程，规划的制定和实施范围都有一定的局限。近代中国城市的规划大部分并未完全实施，规划设计虽多，实际落实的却少，杭州也不例外。但在规划理念上，杭州与主流城市一样也已采用了现代城市规划的相关原理，主要体现在以下几个方面：第一，1933 年《雅典宪章》提出城市的四大基本活动为"居住、工作、游憩和交通"，杭州市规划中居住区、行政区、工商业区、风景区的分区规划及城市道路系统的规划符合《雅典宪章》所提出的观点；第二，城市功能分区规划中的城市中心与城市地理中心的位置基本吻合，将中心区大体设置于城市几何中心的位置上，使城市中心对

---

① 《杭州市政季刊》记载："查杭州市风景住宅区（在涌金门外）沿湖宅地，业经本府划分为若干块，每塞占地一亩余，呈奉浙江省政府核准分块标卖，充作浚湖经费，该处地段临湖，风景幽雅，极合建筑避暑别墅及住宅之用，所有公共娱乐应占之地，已由本府预为保留，将来居住期间，极端便利，现定于本年四月十五日下午三时在本府大礼堂当众开标，并经通告，如愿价领该处宅地者，可以三月十五日起分向本府及上海中国旅行社领取投标章程，遵照规定手续封投标函，以便依期开标云。" 参见：《三月来之工务》，《杭州市政季刊》1933 年第 1 卷第 2 期，第 12 页。
② 《杭州市政季刊》，1933 年第 1 卷第 3 期。

城市各个部分产生的辐射力较为均衡；第三，城市功能分区规划在多次调整后，工业区所占比重增加，表明城市规划中对生产性功能区块的重视，体现出现代城市规划的特点；第四，在城市道路系统的规划上，杭州采用了格网、环路与放射状道路相结合的方式，形成多个城市副中心，区分主次干道，这与当时国内主要城市的规划手法相似。道路等级区分关系着城市交通的效率与活力，现代城市规划强调交通应在全市范围内均衡分布，南京国民政府时期杭州的城市道路系统规划已对城市道路等级进行了划分并逐步细化，明确了城市道路的性质、区分了道路的功能。

尽管在规划制定与实施间存在较大差距，近代杭州城市规划对杭州城市建设仍产生了一定的积极影响：首先，杭州近代城市规划设想了杭州新的城市格局与形态，具有一定的前瞻性（如跨江建设城市新区的规划设想），同时结合城市发展的需要，对城市建设形成较为准确的定位。其次，南京国民政府时期的城市规划奠定了杭州城市发展的目标，引导了城市建设与发展的轨迹，为各类建设提供了根本依据。

7.2 市政建设的发展

早在1926年6月，杭州市政厅就发表了"兴革8项"，将兴办自来水、增加菜场、修理道路、浚理西湖、改进西湖风景等列入计划（杭州市政工程总公司市政志编纂办公室，1994），因此市政建设成为设市后的发展要点。设市之初，工务局制定了"行政计划纲要"，其中"市区设计"主要内容包括：划分市内区域；厘定街道系统；市内道路的修造及城垣拆除；计划电车及公共汽车路线；筹设市内自来水；筹划全市沟渠系统；疏浚西湖；修筑市内水道、桥梁及码头；公园、体育场、公墓及其他公共建筑物的建设[①]。所规定的内容以市政建设为主，也从一定程度上表明了市政建设在该时期城市建设中所占据的主体地位。杭州市政府在10周年纪念特刊中讲道："举凡现代都市所应有之要

---

① 杭州市政府编辑部：《三个月之杭州市政》，1927年。

政，均能就地方需要，次第兴办，街衢整洁，市容焕发，天然之风景，得人
工之点缀，而益臻秀丽，外人推崇为东方最清洁之都市……"[1] 可见这一时期
杭州的城市市政建设卓有成效。本章仅以道路工程及城市公共交通为例进行
论述。

7.2.1 道路工程

设市后，道路修筑成为杭州城市市政建设的最重要组成部分，如前文所
述，杭州市工务局对道路建设进行通盘计划，根据城区原有格局规划道路路
线，并分等级及宽度分期建造。1927—1937 年间，杭州城市道路尤其是中心
城区道路的修筑进程加快，柏油路大量修筑，同时修筑人行道、安装路灯、
改造桥梁，逐步形成城区现代道路网络，城市交通有较明显的改善。

7.2.1.1 中心城区的道路修建

根据杭州市行政计划纲要及道路系统的规划，设市后，城市道路的修筑
重点体现在以下三个方面：第一，继续拆除城墙修筑道路；第二，整修旧街
巷；第三，建设新道路。拆城筑路主要是在设市初期，工务局着力于拆除剩余
的城门，同时修建环城马路。[2] 整修旧街巷、建设新道路则是 1927—1937 年
间杭州城市道路修筑始终持续推进的事项。杭州市工务局先后多次对城区道
路进行规划，并拟定修建计划。1930 年 8 月，杭州市工务局拟定中心城区"街
路分区建筑计划大纲"，将"城区街路分为五等"，"分七期建筑"。鉴于城市

---

[1] 杭州市政府秘书处：《杭州市政十周年纪念特刊》，1937 年

[2] 设市之初城市道路修筑以全面拆除城墙、建造环城马路为重点，同时鉴于西湖为杭州得天独厚的条件，
工务局开始计划修筑环湖路线。因新市场周边开发时已将西面城墙打开，工务局计划继续拆除东南北三面城
墙以进行通盘建设。1927 年，除了各水城门及火车穿城时新筑的清泰门、望江门外，其余城门均已拆除。为
将城垣作为道路基地，工务局派员测量并拆除余下的城门。"自钱塘门小校场起点北经武林门折而东经艮山
门复南经庆春门、清泰门、望江门、候潮门至凤山门为止，计经城门七座，线长凡三千尺，城基平均阔四十
尺。"参见：杭州市政府编辑股编：《三个月之杭州市政》，1927 年，第 98 页。

主干道的重要性，工务局还制定了城区干路分期计划^①，分期建造约6.34万米的城区干道。经过10年建设，城区道路取得较大进展，主要表现在以下三个方面：

其一，城市道路的修筑逐年增长。从各年修筑的道路总数看，1930年为4万平方米，1932年虽没有具体的面积统计，但已成马路总长达54647米，因此面积显然多于1930年；到1936年，总道路建筑面积已达到34.33万平方米，为1930年的8倍多（见表7-3）。

表7-3　杭州1930年、1932年、1936年已成道路规模比较

道路名称	1930年	规模	1932年	规模	1936年	规模
煤屑路	北山路、南山路、江墅路、庆春路、白公路、葵巷路、坦白路、众安桥河下、庆春门直街	不详	不详	617.5米（1.13%）		
碎石路	金钱路、茅廊路、孤山路	不详	羊市路、灵芝路福缘巷路、城站路、福源路、许衙路、板儿路、三桥路、二桥路、马弄路、城头巷路、馆驿后路等	47761米（68.74%）	江墅路北二段、马市路、茅廊路、军械局路、笕桥路、夕照路、电厂路、竹斋街、鸿先街、白沙路、教场路、国货路、上仓桥路、葛岭山脚路、松木新村路、文种路、劳动路、金华街、九莲村路、十五奎巷、许家山路、屏风山路、涌金门外直街、涌金公园路	4.96万平方米
弹石路	葛岭山脚路	不详	不详	918米（1.68%）	不详	3.73万平方米

---

① 1930年统计还有37525米需要改建，于是依据人口密度、交通的需要及发展的趋势分为五期建筑，其中第一期9470米，第二期7330米，第三期7455米，第四期5080米，第五期8190米。1931年5月，工务局对城区干路路线网图表进行修正，并计划路线网，其中二等路宽28米，约长24890米，三等路宽20米，约长8722米，四等路宽16米，约长29808米，上述路段共计63420米，较此前的计划有一定的增加。参见：《杭州市政府工务局十九年八月建设类工作报告书》，《市政月刊》，1930年3月，第73页；《杭州市政府二十年五月建设类工作报告书》，《市政月刊》，1931年4月，第51页。

续表

道路名称	1930年	规模	1932年	规模	1936年	规模
沥青路（柏油路）	北山路、江墅路、庆春路第一段、白堤	不详	清泰路、东街路、马市路、江墅路、江墅路、茅廊路、圣塘路、新民路、庆春路、湖滨路、白公路、北山路、葛岭山路、民生路	15547（28.45%）	新修：江墅路、大学路、东河坊路、东街路、北山路、庆春路、葛岭山脚路（部分）、坦白路、教仁路、财政厅路、民权路	10.4万平方米
					碎石路改铺：岳坟路、灵隐路、白公路、西大街、笕桥路、湖滨路、延龄路、新民路、迎紫路、佑圣观路、邮局路、圣堂路、钱塘路、许衙路、城站路、灵芝路、开元路、花市路、仁和路、惠兴璐	15.24万平方米
合计		4万多平方米		54647米	34.33万平方米	34.33万平方米

资料来源：《杭州市政概况》，《市政月刊》，1930年3月，第4—5页；建设委员会调查浙江经济所：《杭州市经济调查》，1932年，第164页（交通运输篇）；杭州市政府秘书处：《杭州市政府十周年纪念特刊》，1937年，第3页。

其二，城市道路的建造技术有了显著进步。杭州大部分道路设市之前均以沙石建造，因此晴天路面往往尘土飞扬，雨天则泥泞不堪，这种状况在设市后有较大改善，沥青路等开始在城区较大范围内修筑。整体来看，设市后的道路修筑开始普遍采用现代道路建造技术，道路自下而上的构造层次分为土基、基层及面层3部分，土基施工皆与古代无明显差别，仍采用经过平整、夯实的素土基，但基层已采用片（块）石工艺，用质地坚硬、强度不低于三级且不易风化的石料，由人工自两边向中间紧密排砌。砌筑的时候，"石块长边大致与土基中线垂直，大面在下，尖端朝上，用铁锤敲平，并用碎石嵌缝找平。厚度一般在25厘米左右，经压实而成"（杭州市政工程总公司市政志编纂办公室，1994）。尤为关键的是面层的施工，当时有碎石①、弹石②、煤屑水泥③及沥青等不同的面层，以沥青（柏油）路面最为先进。沥青面层又分为"沥青表面处治面层"及"沥青灌入式面层"两种④，其中后者为更先进的施工技术。"沥青表面处治面层"在杭州近代多用碎石路及煤屑水泥路面改建。1926年，杭城的第一条沥青面层马路迎紫路铺设，之后在庆春路、江墅路中继续采用。"沥青灌入式面层"曾在1927年进行试验，但并未大量应用（杭州市政工程总公司市政志编纂办公室，1994）。沥青路等新建造工艺的出现，大大改善了杭城的道路修筑状况，城市道路的施工技术明显提高，自1928年起，凡属重要道路皆以沥青路面铺筑。历年修筑的道路按照面层可分为4种，即煤屑路、碎石路、弹石路和柏油路（沥青路），其中又以碎石路及柏油路为主。随着城市道路的发展，碎石路、柏油路逐渐成为城市道路的主体，煤屑路、弹石路逐渐被淘汰。从表7-3中可以看出，1930年道路修筑除少量碎石路及柏油路外，还有较多煤屑路⑤，到1932年，碎石路修筑占总数的68.74%；柏油路次之，占28.45%；弹石路和煤屑路仅占1.68%和1.13%，逐步被淘汰，碎石路和柏油路已达到总数的97%以上，占据绝对比重。到1936年，新修的柏油路为10.4万平方米，加上碎石路改铺的柏油路15.24万平方米，总数已达25.64万平方米，碎石路为4.96万平方米，而弹石路也仅为3.73万平方米，煤屑路已经基本不再修筑。随着时间往后推移，柏油路的修筑逐渐增多，从表7-3中可以看出，1932年修筑的碎石路明显多于柏油路，

---

① 碎石面层先用黄砂均匀撒在碎石中，之后撒以薄层石粉或粗砂，再碾压形成。

② 弹石面层是先在土路基上铺一层煤屑，再砌筑规格相同的小块石，平面朝上，用木夯夯平。

③ 煤屑水泥路是基层铺砌小块石后，用碎石嵌缝，经碾压密实后铺上由煤屑、石灰、水泥、黄沙按一定比例拌合而成的混合料，经夯实、滚压，用木板拍打出浆水，抹面而成。

④ 沥青表面处治面层需在道路面层上均匀喷撒一层热沥青，并随即均匀撒铺薄层碎石料，使沥青不露出，并趁沥青尚未完全冷却时，用压路机迅速碾压而形成薄面层；沥青灌入式面层的做法是先在基层上摊铺一层碎石，碾压密实后在碎石上喷撒一层热沥青，再撒布嵌缝石料，碾压坚固后成为主层，最后在主层上分层喷撒热沥青并撒铺嵌缝石料经压实，再喷撒封面沥青、撒石屑碾压成灌沥青面层。参见：杭州市政工程总公司市政志编纂办公室：《杭州市市政志》，1994年，第224页。

⑤ 到1930年，已经完成修筑的马路有北山路、南山路、江墅路、庆春路、白公路、葵巷路、坦白路、众安桥河下及庆春门直街煤屑路，葛岭山脚弹石路，金钱路、茅廊路、孤山碎石路，及三潭印月碎石人行路，开元路转角等，柏油路主要有北山路、江墅路、庆春路第一段及白堤等。从道路数量看，煤屑路为最多。参见：《杭州市政概况》，《市政月刊》1930年第3期，第4-5页。

约为碎石路的 2 倍，但到 1936 年，新修柏油路（10.4 万平方米）已经是碎石路 4.96 万平方米的 2 倍多，如果加上碎石路改铺柏油的情况，则差距更为悬殊（约为 5 倍）。柏油路成为最为主流的城市道路路面，已与今天的城市道路类似。

其三，中心城区的城市道路网基本形成。经过 10 年（1927—1936 年）建设，杭州城区道路网初步形成。到 1936 年，城区道路共有 83 条，共 58.13 千米，道路面积 83.49 万平方米，其中柏油路 26 条，沙石路 51 条，弹石路 2 条，碎石路 2 条，煤屑路 1 条，泥路 1 条（杭州市政工程总公司市政志编纂办公室，1994）。图 7-7 为杭州这一时期新修路面统计，共计 34.33 万平方米，碎石路及柏油路修筑详见图 7-8。如图 7-9 所示，除了新市场及城站附近路网较密外，城区有贯通东西的道路 5 条，北部为体育场路，中部为庆春路、新民路及清泰门直街，南端有教仁路，贯穿南北的道路为 3 条，西面是拱三汽车路连接湖滨路、南山路，形成沿湖的南北通道，中部为江墅路贯通南北，东面是东街路连接板儿巷形成南北通道，将城市各个区块联系起来。此外，西湖周边已经形成一圈环湖马路。杭州现代道路已经形成一定的规模。

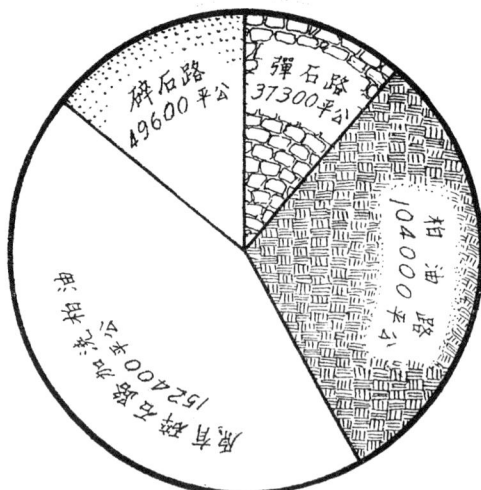

图 7-7　10 年间杭州市新修路面统计

图片来源：杭州市政府秘书处：《杭州市政府十周年纪念特刊》，1937 年。

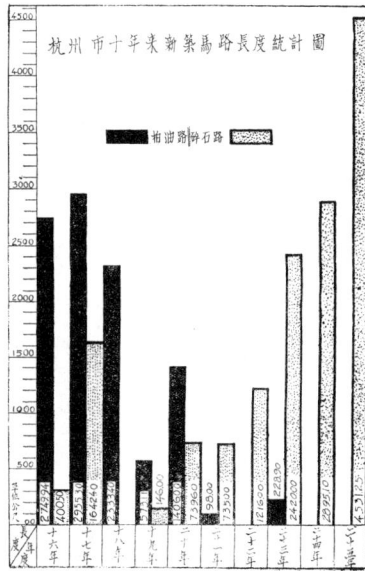

图 7-8 十年间杭州市新筑马路长度统计

图片来源：杭州市政府秘书处：《杭州市政府十周年纪念特刊》，1937 年。

图 7-9 实测杭州市街图

图片来源：杭州市档案馆：《杭州古旧地图集》，浙江古籍出版社 2006 年版，第 188 页。

7.2.1.2 人行道、桥梁修筑

人行道是现代城市规划的产物，是人行和机动车分流的结果。专门修筑人行道供行人通行，是近代城市道路修筑的重要内容之一，成为衡量近代城市道路现代化的重要标准。1928年以前，杭州的人行道均由市民自行建筑，因此材料与形式不一致，路面坡度也各不相同，为求整齐划一，1928年后杭州市政府规定人行道统一建筑，费用由道路两旁业主承担，10年间共修筑水泥人行道9.63万平方米[①]。

设市前，杭州城内的桥梁多为石砌拱桥，难以承受（汽车等）现代交通工具的重压，因此1927年后，在杭州较为繁华的道路上，石砌拱桥逐步改建为钢筋混凝土桥，如开元桥、泗水芳桥、荐桥、归锦桥、盐桥、横河桥、新宫桥、晋安桥、宝扇桥、有玉桥、下仓桥、庆春门桥、清泰门桥、章家桥等，改建的桥梁与市区道路连接在一起，满足了机动车的通行需求，使杭州城市交通进一步向现代城市交通转变。

7.2.1.3 路灯安装

1927年，杭州市工务局接收办理路灯事宜，当时共有路灯2488盏。工务局将全市划分为路灯区32区，逐渐添设路灯，从1927年至1928年，路灯数量增加1546盏，达到4034盏，为历年增速最快的一年（见图7-10）。随着城市道路的不断改善，旧式路灯由于美观性较差逐渐被淘汰，工务局在西湖、白堤、北山路、湖滨路及市内交通繁盛处改装生铁灯柱、水泥灯柱，街心、长杆等式样的大号路灯共有500多盏。西湖的存在使杭州不仅是一般意义上的现代城市，还是一个风景旅游城市，在城市路灯设置中，不仅注重功能性的需求，还将路灯的美观放到城市设计及城市规划的视角进行考量，提升城市环境。1929年西博会期间，在里西湖改装了长杆路灯20多盏。1931年，开始将全市路灯进行编号并逐步添装路灯，到1936年，全市共有各式路灯4862盏。

---

① 杭州市政府秘书处：《杭州市政府十周年纪念特刊》，1937年。

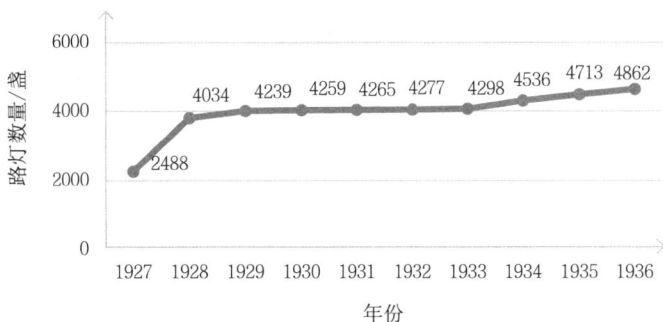

图 7-10 1927—1937 年各年路灯安装数量

资料来源：杭州市政府秘书处：《杭州市政府十周年纪念特刊》，1937 年，第 18 页。

7.2.2 城市公共交通

城市公共交通的发展可在一定程度上反映出城市的现代化水平，现代交通工具的出现促使中国近代城市公共交通日益发展。与多数中国近代重要城市一样，南京国民政府时期，随着新的交通工具——人力车、自行车、汽车的增多，杭州城市公共交通日益发展。

首先，人力车、自行车开始增多。建市后，杭州人力车业发展较快。从表 7-4 可以看出，营业车辆数量一直在增长，1928 年为 3080 辆，1932 年为 3492 辆，到 1937 年已经增加到 5905 辆，快到 1928 年的 2 倍。1929 年西博会召开期间，因为车辆不敷使用，当年增加了新式车辆 100 辆。人力小货车始创于 1928 年，1934 年改用橡皮气胎，后部分小货车改用汽车轮胎（杭州市交通志编审委员会，2003）。1928 年杭城有大小货车 160 辆，到 1934 年有车行 99 家，550 辆车，1935 年增加到 1430 辆（见表 7-5）（杭州市交通志编审委员会，2003）。随着人力车、人力小货车的增加，从业人口也不断增加，1932 年人力车从业者 8800 余人，最多时达 2 万人（杭州市交通志编审委员会，2003），成为一种便利的市内交通方式。自行车也开始出现，1928 年，杭州有出租自行车 600 余辆，到 1937 年有车行 136 家，车 1420 辆（见表 7-6）（杭州市交通志编审委员会，2003）。

表 7-4　杭州 1928 年、1932 年、1937 年人力车数量比较

人力车	1928年		1932年		1937年	
	营业车	自用车	营业车	自用车	营业车	自用车
	3080	1850	3492	不详	5905	1600

资料来源：杭州市交通志编审委员会：《杭州市交通志》，中华书局 2003 年版，第 182 页。

其次，公交线路增多。自永华汽车公司开通第一条公交路线后，到 1928 年，该公司已经完成客运量 17.2 万人次。1932 年，永华汽车公司出资浇灌新市场至灵隐的柏油马路，并改组为股份有限公司，呈请实业部注册准予专利权 20 年。1933 年，在迎紫路青年路口建站亭为起点。官办省公路局在 1928 年进一步打开了市内公共交通的局面；该年 8 月，首开拱宸桥至三廊庙的公交路线，配置大客车 10 辆，小车 3 辆。1929 年 4 月再次开辟湖滨至梵村线路，两线共有大客车 20 辆，小客车 3 辆。到 1934 年 3 月，省局共开 6 路公共汽车，除了上述路线外，还有拱宸桥至湖滨、武林门至三廊庙、湖滨至笕桥和留下线路，共长 53.06 公里。从 1934 年 7 月至 1935 年 6 月，各路共完成客运量 1853592 人次（杭州市交通志编审委员会，2003）。

表 7-5　杭州 1928 年、1934 年、1937 年人力小货车数量比较

人力小货车	1928年	1934年	1937年
	160	550	1453

资料来源：杭州市交通志编审委员会：《杭州市交通志》，中华书局 2003 年版，第 173 页。

再次，汽车出租行业开始发展。杭州有小汽车出租始于 1923 年，永华汽车公司在经营公交车的同时兼营小客车出租业务，对湖滨至拱宸桥的线路进行专线经营。西博会举办后，出租汽车行业开始有所发展，到 1929 年发展到车行 13 家，小客车 56 辆，全年营业额为 115020 元。1935 年，有三友、大亚、之江等 19 家汽车公司出租部，还有一家中国旅行社，小客车数量达到 75 辆。到 1937 年，增加到 24 家公司共 87 辆小客车（杭州市交通志编审委员会，2003）。

表 7-6　杭州 1928 年、1937 年自行车数量比较

自行车	1928年	1937年
	600	1420

资料来源：杭州市交通志编审委员会：《杭州市交通志》，中华书局 2003 年版，第 183 页。

最后，长途客运、货运行业开始发展。长途客运行业由商营和官营企业组成。至 1927 年，市境内共配置营业客车 145 辆，到 1932 年，市内载客汽车有 347 辆。至抗战前，市内客车最多拥有量在 570 辆上下（杭州市交通志编审委员会，2003）。商营企业共有 9 家[①]，官营企业最早的是浙江省道局萧绍车务管理处[②]。至抗战前，由省公路局营运的长途客运路线共达 30 条，路线长 2303 公里，在境内先后开行的长途客运路线有 9 条，即杭州至父子岭（通南京）、金丝娘桥（通上海闵行）、塘栖、嘉善（通枫泾）、桐庐，及桐庐至建德、建德至兰溪、建德至威坪、淳安至常山共 836 公里（杭州市交通志编审委员会，2003）。1935 年省公路局有客车 344 辆，为民国时最多的一年。货运方面，1922 年，杭余公司购进一辆货运汽车，到 1932 年杭州共有货运汽车 50 辆，其中自用 19 辆，到 1937 年 5 月有货车 148 辆，其中自用车 96 辆（杭州市交通志编审委员会，2003）。

综上所述，南京国民政府时期，杭州的公共交通有了一定程度的发展。人力车、自行车的出现，标志着传统的"步行城市"已经退出历史范畴，而汽车及公交线路、长途客运的出现，则标志着以机械动力应用为特点的"机动车时代"的到来。在促进城市发展的诸要素中，城市公共交通是改变城市的动力之一，因为它决定着城市的空间结构、人口流动、市民的生活方式等（刘海岩，2006）。城市公共交通的发展也是城市现代化的重要组成部分，南京国民政府时期杭州城市公共交通的发展，在一定程度上推动了城市的现代化进程。

---

① 包括杭余省道汽车有限公司、余临省道汽车有限公司、余武省道汽车股份有限公司、杭海二县县道汽车股份有限公司、杭塘汽车股份有限公司、瓶湖双省道汽车股份有限公司、杭富省道汽车股份有限公司、杭徽汽车股份有限公司、萧绍长途汽车股份有限公司等。

② 是萧绍长途汽车股份有限公司的前身，成立于1925年，12月初先开行江边至转坝路段，次年3月全线通车营业，每天来回行车60余次，有T式福特等客车46辆，1929年营业客车增至61辆。1932年1月，路线租与商营萧绍公司。参见：杭州市交通志编审委员会：《杭州市交通志》，中华书局2003年版，第198页。

7.3 建筑活动的兴盛发展

7.3.1 建筑业与营造业的发展

7.3.1.1 从业人员增加、建筑工业起步

1927—1937 年，杭州市的经济增长较快，工商业更加繁荣，人口较快增长（见图 7-11）。《杭州市政府十周年纪念特刊》记载："杭州于 16 年（1927）设市之初，全市人口仅三十八万余人，至 19 年（1930）而达五十万人以上。二十、二十一两年，因沪战关系，人口增加，虽偶形停滞，而二十二年以后，复逐年增长，二十五年调查统计，杭市人口，几达六十万人。较之民国十六年时，增加百分之六十五以上。亦即十年以来，杭州市繁荣之程度，已增进二分之一强。"[1] 随着社会经济的发展及人口的增加，城市住宅、公用建筑呈现较大规模增长，从而带动了营造业、建筑业的繁荣，从营造业、建筑师、绘图员的登记情形、营造业及建筑工人的数量及建筑工业的发展情形，我们可以看出当时的状况。

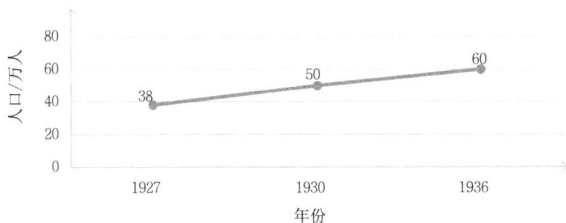

图 7-11 杭州 1927 年、1930 年、1936 年人口数量对比

资料来源：笔者根据各类史料整理。

1932 年，《杭州市经济调查》记载："本市营造业，近年来以人口激增，营业日见发达。从前专营小木者，近亦向市府领照兼事营造。沪上各大营造厂，亦来杭分设事务所承包建筑。"[2] 营造业的登记，1932 年甲等共有 3 家，资本

---

① 杭州市政府秘书处：《杭州市政府十周年纪念特刊》，1937 年。
② 建设委员会调查浙江经济所：《杭州市经济调查》，1932 年。

总额为 15 万元；乙等 39 家，资本总额为 39 万元；丙等 110 家，资本总额约 22.9 万元；丁等 110 家，资本总额约为 3 万元①。上述营造厂共计 262 家，其余各年的营造厂登记数量详见图 7-12。图 7-13 为甲等营造厂章积记营造厂的广告。图 7-14 为近代上海营造业发展简图，可以看出，到 20 世纪 30 年代，上海营造厂已经多达 2632 家，杭州这一时期为 400 家左右，约为上海的 1/7~1/6，其数量与上海 1922—1923 年间相当。虽然不能与上海相媲美，但也从一定程度上反映出作为边缘城市，杭州近代兴盛期的营造业已具有一定的规模。

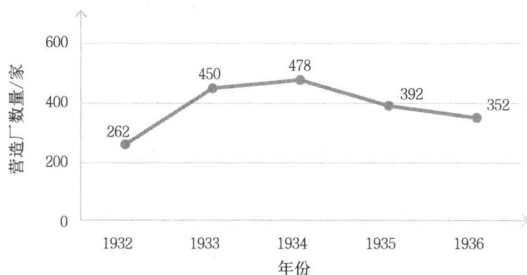

图 7-12　1932—1936 年杭州历年营造厂登记数量

图片来源：杭州市政府秘书处：《杭州市政府十周年纪念特刊》，1937 年，第 14 页。

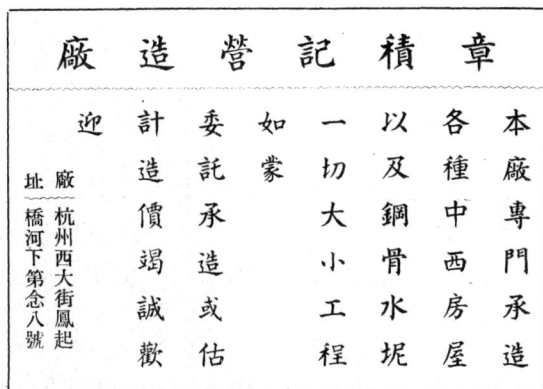

图 7-13　杭州近代营造厂广告

图片来源：杭州市政府秘书处：《杭州市政府十周年纪念特刊》，1937 年。

_____

① 建设委员会调查浙江经济所：《杭州市经济调查》，1932年。

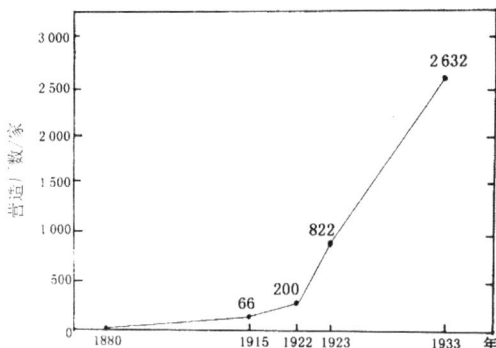

图 7-14　近代上海营造厂发展简图

图片来源：娄承浩、薛顺生：《老上海营造业及建筑师》，同济大学出版社 2004 年版，第 21 页。

　　设市不久，杭州就实行了建筑师及绘图员登记制度，建筑师一般承接较大的工程，一般普通住宅等较小的建筑不需要建筑师进行设计，但营造厂不能随意动工，需先由绘图员绘具简易的建筑图样，呈报市府工务科审核后才准许开工。因此绘图员成为除建筑师外建筑业及营造业中不可或缺的一员，普通的路线图及简易建筑图样可直接委托经登记的绘图员承办，因此绘图员数量也逐渐增多。从图 7-15 可以看出，1928—1936 年，杭州绘图员、建筑师数量均逐渐增多，且 1931 年以后每年登记的建筑师数量均超过绘图员的数量，说明建筑业越来越繁荣，专业设计师不断增多。这一时期上海从事建筑设计的从业人员，据 1932 年至 1937 年上海工务局呈报技副开业申请统计，达到 100 多人（娄承浩等，2004）。杭州从 1934 年开始，绘图员与建筑师总数已经达到 120 人以上，可见与同一时期的上海相比，杭州的设计人员数量已经与上海较为接近。不少开业建筑师还设立了事务所，《杭州市经济调查》记载，一些建筑师由于营业规模较大，因此在杭州设立了办事处，如审美建筑公司、耘记建筑公司、大兴建筑公司等。以 1932 年为例，这一年杭州共有建筑师 47 人[①]，其中在杭州设立事务所或通讯处的建筑师共有 25 人。在这些事务所中，盛承彦所组织的审美建筑公司、大兴及耘记业务量较大、营业较佳。

[①]　根据《杭州市政府十周年纪念特刊》的记载，此处的建筑师数量为45人。

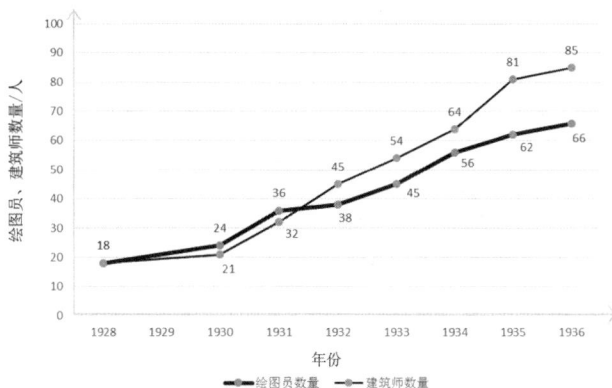

图7-15 1928—1936年杭州市绘图员、建筑师数量

图片来源：杭州市政府秘书处：《杭州市政府十周年纪念特刊》，1937年，第14页。

杭州民国时期建筑及营造业承担施工的工人可分为大木、锯木、泥水、金钩4种，大木与锯木通称为五木工人，金钩俗称为阴沟匠[①]。历年工人的确切数量并没有完整的统计，但据《杭州市经济调查》记载，1932年前后杭州市五木工人约2000人左右，以绍兴人为最多，泥水及金钩工人数量大约在1000人以上，以东阳人为最多。除上述四种外，建筑工人中还有临时雇佣的小工，全市大约在1万人左右。石匠的数量大约在500人左右。上述各工种从业人员统计共约1.35万人，已形成一定的规模（见表7-7）。

表7-7 杭州1932年前后营造业从业人员统计

工种	人数
五木工人	2000
泥水、金钩工人	1000
小工	10000
石匠	500

资料来源：笔者根据各类史料整理。

在管理上，建筑工人由包头承揽，各营造厂无须自行雇工，所有与工程相关的工事皆可分类包给包头，由包头进行分包。全市共有包头约500多人，

---

① 建设委员会调查浙江经济所：《杭州市经济调查》，1932年。

承包的手续与营造业承揽手续相同（建设委员会调查浙江经济所，1932）。随着建筑管理制度的正规化和建筑活动的不断发展，杭州建筑业的行业组织也逐步现代化，发展为具有现代组织特征的同业公会。杭州的建筑业同业公会成立于 1934 年 1 月，位于湖滨五弄一号，有会员 225 人[①]。

随着建筑业及营造业的发展，与建筑相关的建材工业也发展起来，如石子业、石灰业、锯木业、黄砂业等。1932 年统计，杭州共有石子业 16 家，其中有信与轧石公司等资本充裕、规模较大的公司。杭州的石灰最早从长兴、绍兴购买，1922 年开始钱大兴专设灰场供应建造所需。厂址位于拱宸桥河水木桥，称为钱大兴第二炼灰厂。1927 年，因为营业兴旺又增设第三分厂于湖墅徐宫巷。1929 年，另一家炼灰厂捷成厂在拱宸桥开办。杭州市炼灰厂全年产量为 98500 担，价值为 77000 元[②]。锯木厂专锯三四尺的条子木，主要用于建筑屋内的灰壁、灰幔。在锯木厂开设之前，条子木一概由五木工人承办。由于建筑日行增多，所需条子木数量逐渐增多，于是采用机器生产。杭州共有锯木厂两家，即振华和福星，振华 1927 年 6 月开办，位于候潮门三角地，福星 1932 年 6 月开办，位于凤山门。

7.3.1.2 建筑活动管理逐步正规化

在建筑业和营造业从业人员不断增多、建筑工业持续发展的同时，建筑管理也不断正规化。通过建筑管理法规的制定和执行，工务局加强了路线签订、建筑图样审核、违章建筑取缔、危险建筑物取缔等方面的管理。

关于路线签订[③]，设市前，省会工程局已规定"临街建筑需申请主管机关派员丈量并按照所在街道规定的宽度就地签订界桩"，但无论有无建筑图样均一律发给建筑许可证。从 1928 年开始，凡是建筑房屋均需由业主绘送建筑图样。1928 年 9 月以后，除了实地签订路线之外，需要在建筑图样上注明划定限制的红线，以便查勘。施行这一方法的区域，从最早的新市场周边逐渐进

---

① 杭州市政府秘书处编辑室：《杭州市政特刊》，正则印书馆，1935年。
② 建设委员会调查浙江经济所：《杭州市经济调查》，1932年。
③ 路线签订在南京国民政府成立之前已经开始实行，主要是为保证道路有足够的宽度，不被建筑占用，因此所有建筑在建造前要申请相关部门按照所在道路的宽度签订建筑界限。

行扩充。1932 年，开始将杭城全部路线呈准核定，应市民请求减少市民损失起见，根据场地情形，规定临时路线办法。图 7-16 为历年路线签订的案例数量，可以看出，1928 年是建设的高峰期，达到 2000 多件，1931—1936 年基本维持在 1000 件上下，维持较稳定的发展。

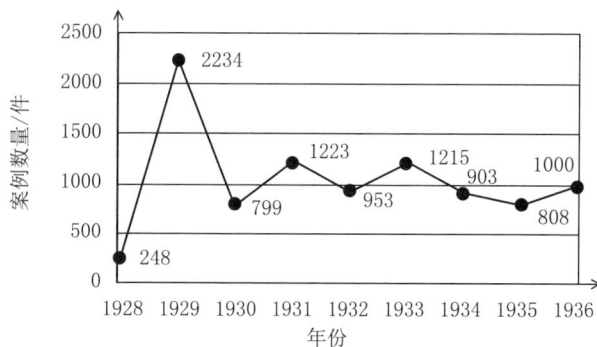

图 7-16　1928—1936 年杭州历年签订路线案例

图片来源：杭州市政府秘书处：《杭州市政府十周年纪念特刊》，1937 年，第 12 页。

建筑许可证的颁发是工务局实行建筑管理的重要手段。从 1928 年 5 月开始，建筑房屋，必须获得建筑许可证后才准开工。图 7-17 为历年核发建筑许可证的数量与建筑费数额，可以看出，1928—1930 年间建筑许可证的发放数量均在 1500 例以上，为建设高峰期，其中 1929 年以 2100 例成为数量最多的年份。

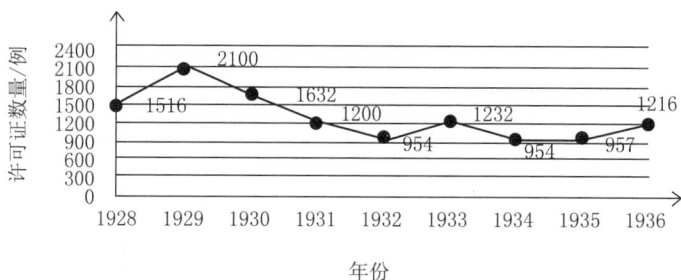

图 7-17　1927—1936 年杭州历年颁发许可证数量

图片来源：杭州市政府秘书处：《杭州市政府十周年纪念特刊》，1937 年，第 12 页。

关于建筑物的取缔，在工务局的行政纲要中提道，"今世文明都市对于公私建筑物皆于事先加以审查，视其是否安全、是否合于卫生，然后任其起造或加以修改，盖必如此而后市内街道之整齐可保持，交通之状况可改善，火警可以减少，空气可以流通。取缔之道于材料及其建筑法与内部设备诸问题注意外，美术上屋宇式样当使之常呈我国固有风采，然后杭州与西湖之名胜方足为我中华固有之名胜"[①]。即建筑不仅需要满足使用功能，还应具有一定的美学价值。实际取缔违章建筑的情形主要有三种：未领建筑许可证便先行动工的、侵占了路线或者岸线的、不按照核准的图样建筑的。未领取许可证的现象在偏僻区域较多，不易发现，业主因不明手续或妄图免去手续费不予呈报。关于侵占路线或岸线的情形，往往是业主或工人不熟悉图样，或业主与邻户的房屋界线未清造成的，一般发现后照线拆让，以维路政。不按照图样施工属于最常见的违章形式，如应拆除的旧墙体未拆除，应砌筑的砖墙并未砌筑、基础不实、檐口不齐、梁柱的尺寸不足、钢筋数量及水泥成分不符合要求等，经发现后工务局通知业主或包工人限期更正并照章处罚。图7-18为历年取缔违章案件的数据，可见取缔案件在10年中呈现增长的态势，一方面反映出建设量的增长，另一方面也表明建筑法规的控制与实施愈发严格。

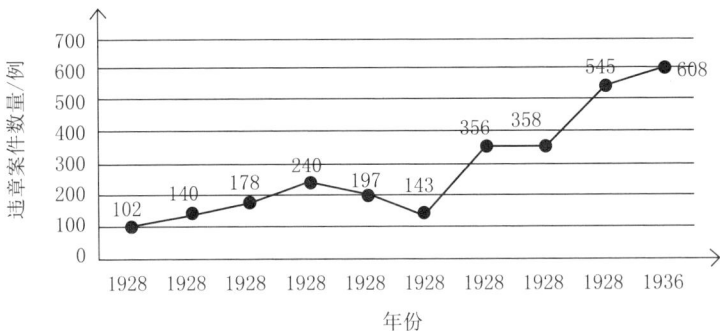

图7-18 1927—1936年杭州历年违章案件数量

图片来源：杭州市政府秘书处：《杭州市政府十周年纪念特刊》，1937年，第13页。

---

① 杭州市政府编辑部：《三个月之杭州市政》，1927年。

除了上述措施外，杭州市政府不断加强对市容市貌的整理。1934年以后，不但对新建建筑物严格考察图样，同时对旧有建筑物也提出整理办法：第一，沿路房屋的门面及墙垣，陈旧不洁的，应以油漆刷新，每年举行总检查一次；第二，名胜及其他公共场所的房屋如有不整洁的，应进行修葺改善；第三，沿路空地，应围筑篱笆或墙垣，并禁止堆积污物；第四，突出所画路线的建筑物，应逐渐进行拆让；第五，交通繁重的交叉路口，逐渐进行圆角拆让；第六，人行道上不得堆积任何物件。一旦发现上述现象，由政府分别通知业主并限期办理，如业主不遵办理，则由政府代办，由业主承担费用。1936年共发出通知4700多件。

总而言之，南京国民政府时期，杭州的建筑业与营造业呈现出较稳定的发展，从业人员及建造数量均已达到一定的规模，从业人员及建筑活动均以较严格的制度实行管理，呈现出转型期的行业发展特点。

7.3.2 建筑活动的快速发展

7.3.2.1 建筑活动的快速发展

（1）建筑数量的增多

随着工商业的发展和城市人口的增加，设市后杭州的建筑活动兴盛起来。《杭州市政府十周年纪念特刊》记载了1927—1937年的杭州："各项交通事业次第兴办，外来客籍愈多，人口徒增，因之房屋建设，亦突飞猛进，城区如西大街，东街路，法院路，南山路等旷地，城外如武林门外，太平门外及灵隐岳坟松木场等偏僻荒径，均先后兴工，全城房屋数量，约增三分之一……"

《申报》则报道："现代的建筑，都趋于华贵方面，其营造价值，当然是要比较从前增加的。"[①] 即十年间建筑的数量及质量都在明显提高。具体的建筑面积，《申报》报道，1933年共计建筑面积达14.2万平方米，1934年仅1月到10月建筑面积已达14万平方米。图7-19为1930—1936年历年的建筑费，可以看出，历年建筑费在116万~191万元浮动，1930年达到了最高的191万元，其余年份基本维持在130万~150万元。从许可证数量可以看出这一时期

————————
① 《申报》1935年4月20日（增刊）。

建筑数量的发展与变化，总体而言，历年建筑都已达到一定的数量，均在 950 件以上（见图 7-20）。其中 1928—1930 年是建设高峰期 [①]，1929 年更是以超过 2000 件的数据成为历年建筑量最多的一年。统计 1927—1936 年的总建筑数量为 11097 件，约为厦门 1924—1936 年核发建筑执照数量的 11 倍 [②]，可见这时期的建筑活动较厦门更为兴盛。

图 7-19　1930—1936 年建筑费

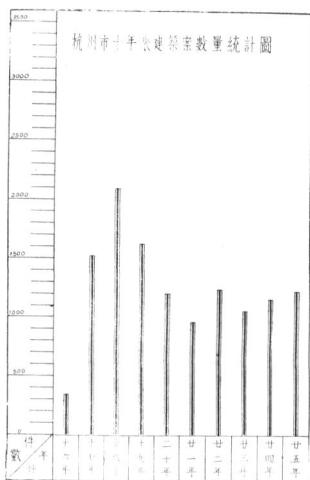

图 7-20　1927—1937 年杭州历年建筑数量统计

资料来源：杭州市政府秘书处：《杭州市政府十周年纪念特刊》，1937 年。

---

① 从建筑许可证数量、建筑费、历年建筑取缔建筑案件、历年路灯数量等折线图可以看出，1928—1930年为南京国民政府时期的建设高峰期。

② 厦门1924—1936年由工部局颁发建筑执照1010份，参见：李苏豫：《厦门城市与建筑的现代化进程（1840—1949）》，浙江大学2014年博士学位论文，第83页。

从各类建筑数量看，住宅、商业建筑、工业建筑的数量增加显著。1935年《申报》报道："杭州市因历年来人口的增加，所以其对居住上的房屋建筑，是比较其他各业来得发达。"（《申报》，1935）杭州市建筑数量的统计，以1933年为例，普通住宅建造461起，占地面积8.8万平方米，造价106.9万元，商店271起，占土地面积3.3万平方米，价值53.5万元，工厂56起，占地面积1.3万平方米，价值13.6万元，公馆宅舍5起，占地面积670平方米，价值1.8万元，学校6起，占地面积2140平方米，价值2万元，此外，还有娱乐场1起，其他建筑65起。（《申报》，1935）图7-22、图7-23为各类建筑数量及占地面积对比图，可以看出，在各类建筑中，住宅建筑最多，且在数量上超过其他各类型建筑的总和，可见住宅的建造量较大。住宅建筑之外，商业建筑的数量和占地面积约为住宅建筑的1/2，也占较大比重，工业建筑数量及占地面积位列第三，约为商业建筑的1/2。杭州近代商业明显较工业更发达，以1932年为例，全市共有商业企业10918家，工业企业1849家，两者比例为100 : 17（周峰，1992），可见商业发展明显优于工业，因此在建筑数量与面积上，商业建筑也高于工业建筑。其他各类建筑的数量与住宅、商业相比则微乎其微。因此总体来看，住宅及商业建筑建造最多，工业建筑也占据一定的比例。

建筑数量的增多表明了南京国民政府时期建筑活动处于快速发展期，而相较于住宅建筑数量的增加，商业建筑与工业建筑数量的增加更能凸显出杭州城市建设现代化进程的加快，工商业的发展是近代城市现代化进程的巨大动力，同时工商业用地及工商业建筑的发展也反映出城市的现代化水平。由图7-21、图7-22可以看出，在各类建筑用地中，住宅用地约占50%，商业用地约占25%，工业用地约占12.5%，相较于古代城市而言，商业用地及工业用地明显增加，已经与现代城市的用地构成接近[1]。

---

[1] 我国《城市用地分类与规划建设用地标准》（GBJ137—90）中关于规划用地结构，列出现代城市工业用地占建设用地的比例为15%~25%，而宁波当时的工业用地已达到12.5%，这与当前我国城市极为接近。

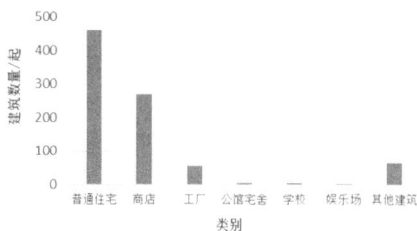

图 7-21　1933 年杭州各类建筑数量统计　　图 7-22　1933 年杭州各类建筑占地面积统计

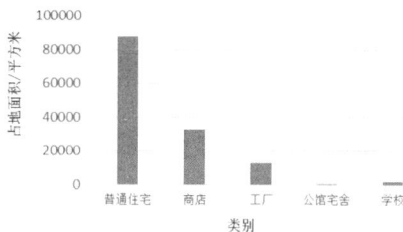

图片来源：《杭州市建筑近况》，《申报》1935 年 4 月 20 日（增刊）。

（2）地价大幅度上涨

地产的发展也在一定程度上反映出城市建筑活动的兴衰。据 1935 年《申报》记载，杭州市商业中心的水漾桥、清河坊、羊坝头、三元坊一带的地产，在从前，每亩地价"不过三四千元"，因"建筑事业的发达"地价不断上涨，水漾桥的地价估计每亩约 3 万元，清河坊羊坝头每亩 2 万元，下城市场的中心忠清大街，每亩地价也在 1 万元左右。城区新民路一带的地价，1923 年每亩最高 2000 余元，此时已经涨到七八千甚至万元。在城区之外，地价也显示出明显的增长势头。可见，活跃的建筑活动已明显带动了土地价格的上涨，在中心地带的地价已经上涨了约 10 倍（见表 7-8），可见建设的兴盛。

表 7-8　杭州城区地价的前后变化

	商业中心 （水漾桥）	商业中心 （清河坊、羊坝头）	下城市场的中心 （忠清大街）	新民路一带
1927年前	3000~4000元	3000~4000元	不详	2000余元
1935年	30000元	20000元	10000元	7000~10000元

资料来源：笔者根据相关史料整理。

（3）建筑类型日趋丰富

杭州设市后，各类建筑建设都有一定程度的发展，公共建筑中博览建筑、体育馆等建筑类型开创了历史，而数量较多的居住建筑、商业建筑中，新式建筑建造也逐渐增多。

公共建筑方面，杭州市政府秘书处于 1937 年出版的《杭州市政府十周年纪念特刊》记载："本市公共建筑，除修理者不计外，计有茅廊巷、龙翔桥、熙春桥等处菜场，省立公共运动场，西湖及玉泉游泳池，江滨浴场，儿童游戏场，中山纪念台，财政科办公室，天长小学及市立中学校舍，感化习艺所，花园镜湖厅，留下转塘军警稽查所等。"可见除市场、学校、办公等建筑外，运动场、游泳池、浴场、游戏场等市民休闲娱乐设施得到了一定程度的发展。除上述建筑外，西湖博览会于1929年开幕，一些博览建筑及场馆得到兴建，浙江省国货陈列馆劝业场、浙江图书馆大学路馆舍、杭州电气公司总厂等均建于这一时期。总体而言，这一时期的公共建筑类型已比较丰富。

居住建筑中，西湖周边的风景区住宅、庄园别墅等新式建筑建造增多。如前文所述，设市后，杭州市工务局多次对住宅区规划进行调整，并先后制定了平民住宅规划和风景区住宅规划，尤为重视西湖周边的住宅建设和开发，据《杭州市政府十周年纪念特刊》记载，到1936年，"沿湖风景住宅，除湖滨北山两路已全部开发外，南山路经确定后，雅洁建筑，亦已日有增加……"（杭州市政府秘书处，1937）当时不少商界和政界名人在西湖边买地建房。如建于1928年的澄庐、1932年的润庐、1933年的秋水山庄、20世纪30年代中期的柏庐和恒庐等。30年代初，杭州工程建设界的一批精英纷纷在南山路广福里购地建房，工程师李仲强、叶我淮建了1、3号房屋，裘颖芗、杜镇远建了2、5、7号房屋，桥梁专家茅以升、铁路专家胡藻青的住所均在此地，形成了南山路一带临街濒湖的工程师群落（杨军，2009）。

石库门民居的建造也较为普遍，如东坡路与长生路交叉口的九星里建于1929年，为联排式石库门民居建筑，共有9扇石库门、9个院落天井，9座一楼一底一晒台的房屋（朱金坤，2007）。位于圣塘路与白沙路交叉口的融杭坊建于1934年，聘请名牌营造商设计建造，仿照上海新式石库门里弄民居建造（仲向平，2004）。位于现人民路的泗水新村建于1934年，为三列一楼一底的新式石库门民居。位于城南大马弄侧、紫阳山麓瑞石亭旁的燕春里建于1936年，共有两排石库门民居，十余个单元，为一楼一底一天井的格局（朱金坤，2007）。1936年，在西湖大道涌金新村，营造厂老板还建造了4幢有50个单元的石库门房子及一幢别墅小院（杨军，2009），是当时的中产阶级住宅。位于上城区惠兴璐、仁和路转角处的平安坊，建于 1937 年，建筑面积 4000 多平方米，分为一弄、二弄和三弄，合计 112 个单元（仲向平，2003）。此外，位于现西湖大道 290 号至 298 号的"东海里"、城头巷和五柳巷之间的四维里、上城区学士路的思鑫坊、上城区扇子巷的源茂里均建于 20 世纪 30 年代。

商业建筑中，最典型的为中山中路的建筑群。万隆火腿庄，位于中山中路 79 号，建于 1928 年，位于街角，建筑形体顺应地势呈扇形分布，高 3 层。五洲大药房，位于保佑坊大街东侧，1928 年建成，四层八开间，为西式门面。位于中山中路 415 号的中国盐业银行杭州分行，始建于 1929 年，高 3 层，为西式立面。1929 年扩建中山中路，各店纷纷新建三、四层楼的洋房，更显得市容整齐美观（杭州市政协文史资料委员会，1982）。位于河坊街 190-2 号的方裕和宅店高 4 层，为前店后宅式商业建筑，西式门面。亨得利钟表店也于 1929 年在中山中路建起 3 层西式建筑，一层为营业大厅，二层、三层为办公用房及仓库等（仲向平，2004）。除了中山路沿街商业外，湖滨新市场一带、西湖周边也建起了一些商业建筑。1928 年，湖滨浙江商品陈列馆扩建为国货陈列馆，在旧的劝工场外用钢筋水泥建成市屋 113 间，1928 年建成，主体建筑 4 层，局部 3 层。新泰饭店原位于邮电路和东坡路交叉口，建于 1934 年，两层高，据说当时有百余间房间（仲向平，2004）。1931 年，位于当时北山路 40 号的葛岭旅馆建成，为 4 层西式建筑。

总体而言，南京国民政府时期，杭州的建筑类型已较为丰富，事实上，除上文提及的公共建筑、居住建筑、商业建筑外，工业建筑也有一定程度的发展（上文建筑数量中工业建筑也占有较多比重），限于史料，笔者尚无法进行详细论述。

（4）新建筑技术广泛应用

随着建筑数量的增多，砖木结构、砖石结构的应用越加普遍，钢筋混凝土结构、新建筑材料与装饰应用也逐渐增多，成为该时期新建筑的标志。笔者未能收集到使用各种结构类型的建筑确切数字，但根据《杭州市志》的记载可大致了解当时的情形："20 年代和 30 年代，钢筋、水泥等建筑材料开始运用，于是出现了结构坚固、质量较好、层数较多（最高为 7 层）的建筑。

至杭州解放前夕，市区拥有住宅建筑面积391.3万平方米，其中砖木结构占70%，砖混结构占28%。"（任振泰，1999）可见混合结构建筑仍是南京国民政府时期杭州建筑的主体。

① 混合结构的应用

混合结构在居住建筑、商业建筑中运用较为普遍。西湖周边别墅中，润庐为砖石木混合机构，外墙用水泥拉毛。位于北山路69、71号，建于20世纪30年代的集艺楼为砖木结构的西式小楼。此外，澄庐、柏庐、恒庐也均为混合结构。石库门民居中，多采用砖木混合结构，如上文提到的九星里、涌金新村、东海里等。商业建筑中，五洲大药房外立面是钢筋混凝土结构，内部则为砖木混合结构。新泰旅馆也为砖木混合结构。

② 钢筋混凝土结构的应用

在新建筑中，钢筋混凝土结构多用于公共建筑与规模较大的商业建筑，如浙江图书馆大学路馆舍为两层钢筋混凝土结构，坐北朝南，为"工"字形平面，钢筋混凝土结构的应用使建筑获得了较大的开间。1936年竣工的电力公司办公大楼西华大楼，是当年杭州的最高建筑，最高部分为7层，被称为"七重天"。还有茅廊巷菜场，分为上下两层，中部为天井，天井中还设一可容纳七千加仑水量的水塔，高约30呎（9.144米），塔的中间置一手拉式升降机可用于输送菜品。此外还有浙江省电话局办公楼、位于官巷口的浙江建业银行等。

③ 新材料、新工艺的应用

除了新结构外，新的材料及装饰手法也仍是这一时期新式建筑的典型特点，马赛克、大理石地砖、水刷石、钢制门窗、木质百叶窗、石膏吊顶等广泛使用。如杭州电气公司采用了水磨石地面，楼梯台阶皆镶嵌铜线装饰。中国盐业银行杭州分行室内装饰白色的石膏天花，深色拼花地板。春润庐、逸云精舍也采用了水磨石地面及石膏吊顶。

总而言之，南京国民政府时期，新技术、新材料的使用较前期更为普遍，进一步促进了杭州近代建筑的现代转型。

（5）建筑形态的演进

在建筑形态的发展上，早期的复古主义、折中主义建筑仍有建造，但少量建筑风格已经开始向现代主义过渡，呈现出一个新旧交替的阶段。

①复古主义、折中主义建筑

这一时期的杭州复古主义、折中主义建筑中，不乏优秀的实例，如浙江图书馆大学路馆舍、浙江省电话局、浙江省国货纪念馆劝业场等，中山中路的一些商业建筑也采用折中主义手法。浙江图书馆大学路馆舍高2层，采用西方古典主义横向三段式及竖向三段式构图，正立面16根多立克巨柱将建筑分为15个开间，柱间为大玻璃窗，中部5开间为一段，两边5开间对称排布，檐下有线脚，层层收进，带齿状装饰。浙江省国货纪念馆劝业场，主体建筑两层，主入口处3层，建筑沿街建筑，内部围出庭院。在立面处理上，壁柱直通屋顶，拱券成为主要的构图要素。中山中路的商业建筑中，五洲大药房在传统店面建筑前面加上了西式立面，局部装饰构件带有巴洛克风格，如山花、涡卷等。亨得利钟表店，外立面也带有明显的巴洛克风格，建筑细部装饰较多，如柱式、涡卷、山花、西式石砌宝瓶栏杆等。方裕和宅店，以水泥外墙划分线条模仿石材立面的感觉，主立面为对称格局，有壁柱，二层向外出挑阳台，楼顶建有亭阁，左右各一，形成左右塔楼的感觉。屋檐和门窗上方刻有装饰性图案（见图7-23）。此外，西湖边的葛岭旅馆，正立面有连续券柱式外廊，弧形门窗，装饰较丰富（见图7-24）。

图7-23 方裕和宅店现状

图 7-24　葛岭旅馆

② 向现代主义过渡的建筑风格

在一些公共建筑及金融建筑中，虽仍用古典元素进行装饰，但主体建筑风格已经开始向现代主义过渡。浙江省电话局主立面在构图上仍采用西方古典横向三段式构图，底部有基座，中部以贯通 3 层的壁柱划分为 7 个开间，屋顶部分中部耸起山花，与下方的主入口相对应，统帅整个构图。建筑开简洁的方窗，柱头、山花、线脚等装饰已较简洁，体现出向现代主义过渡的趋势。位于中山中路的中国盐业银行杭州支行，正立面中轴对称，入口位于中部，门上装饰三角形山花，入口两侧各有两根直通二层的壁柱，一、二两层的窗户以材质及线脚形成统一的竖向构图，突出建筑整体以竖向划分为主的图形特点。三层及四层楼层处有横向线脚。总体而言，建筑的门框、山花、窗户、线脚等装饰简洁，呈现出向现代主义过渡的特征（见图 7-25）。浙江建业银行，立面简洁大方，通天的竖向线条，中央部分自然耸起，只在入口大门上方做简洁的线脚，在二层窗台下方做简洁的图案装饰（见图 7-26）。西华大楼，水泥外墙，立面以竖向线条为主，方形钢窗，没有多余的装饰，简洁明快，已经是较纯粹的现代主义建筑。

图 7-25　中国盐业银行杭州支行　　　　图 7-26　浙江建业银行现状

资料来源：伸向平：《杭州老房子》，中国美术学院出版社 2003 年版，第 10 页。

③ 中西交融的石库门里弄民居

石库门民居作为中国近代最为特殊的住宅建筑，这一时期的建筑形态也已发生了变化。早期三间两厢与两间一厢的户型减少，以单开间户型居多。在围墙的高度及石库门门头的处理上也产生了变化。如前文所述，南京国民政府时期，杭州建造了不少石库门里弄民居，以后期石库门民居为主，如思鑫坊外墙青砖砌筑，石质门框，门头有浮雕装饰，门内有小天井、客堂间、厢房、前楼卧室、后楼亭子间，还有晒台、灶间。东海里、涌金新村外墙采用青砖砌筑，每开间一个石库门，石库门围墙降低到二层窗台高度，相对于早期石库门民居而言，对外的封闭感大大减弱，石库门门头已经简化。到建设绿杨新村时，已经没有传统的石库门，改为矮墙及铁栅门，封闭的天井变成了小花园，外立面装饰极少。

7.3.2.2　典型建筑案例

以下就 1927—1937 年间建造的重要近代建筑及建筑群做简要分析。

（1）西湖博览会场馆

建市后，浙江省政府为"奖励实业，振兴国产"，决定在杭州举办西湖博览会。杭州西湖博览会的相关计划由浙江省建设厅拟定[①]，1928 年 10 月，西湖博览会筹备委员会成立。

西湖博览会设在里西湖的四周，包括断桥、孤山、岳王庙、北山、宝石山麓及葛岭沿湖地区（见图 7-27）。整个博览会占地约 5 平方公里，周长 4公里，共设 8 馆、2 所及 3 个特别陈列处（周峰，1992）。博览会大门位于里外西湖交点，断桥的东北面。大门里外为完全不同的风格，从外面看，外形似城堡，两侧屋顶分为三级层层收进，从里面看，大门为中式，金脊高耸、鸱角分张，黄瓦朱垣，正中有两根朱柱，梁枋装饰绘画，有各行各业各阶层人物，有叟、青、童、妇各种年龄，代表工农学兵商劳动者（周峰，1992）。大门里外上方均有"西湖博览会"五个大字（见图 7-28、图 7-29）。

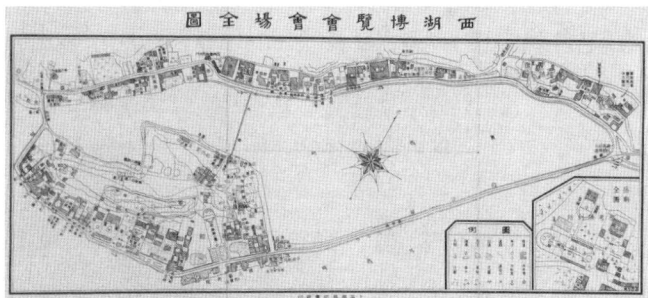

图 7-27　西博会场馆总平面图

图片来源：杭州市档案馆：《西湖博览会资料》，1931 年，插图。

图 7-28　西湖博览会大门外侧　　　　图 7-29　西湖博览会大门内侧

图片来源：杭州市档案馆：《西湖博览会资料》，1931 年，插图。

①　杭州市档案馆：《西湖博览会资料》，1931年。

博览会的大礼堂位于葛岭南麓，在丝绸馆和工业馆之间，建筑面积 1000 平方米，高 15 米，有 3000 个座位（周峰，1992），为四坡顶。礼堂分为上下两层，下层正面为一大舞台，舞台前设座位，第二层形成 U 形楼座。建筑外墙处理得很有特色，以青砖、红砖砌出连续齿状花纹，立面处理以墙垛及窗间墙等强调竖向线条，窗边、檐口等处均以深色线脚加以强调。入口处有大台阶，入口大门为拱券门。礼堂外有一圈围墙，入口为一拱券大门，大门上方为三角形山墙。为与建筑呼应，围墙的立面处理采用了与建筑立面一样的手法（见图 7-30）。

工业馆建筑坐北朝南，平面呈"回"字形，为平房，中设天井。该馆于 1928 年动工，1929 年交付使用。建筑由当时浙江大学工学院的院长李振吾设计，设计使"参加者进入其中，恍如身处一巨大之工厂，视察配置机械"（仲向平，2003）。馆舍东西长 60 多米，南北宽 40 多米，层高较大，上面的窗户离地有 6 米左右（仲向平，2003）。建筑风格中西合璧，西式门头及柱式与中式的镂花窗结合在一起，典雅别致（见图 7-31）。

图 7-30　西湖博览会大礼堂　　　　　　　图 7-31　西博会工业馆现状

图片来源：图 7-30 参见杭州市档案馆：《西湖博览会资料》，1931 年；图 7-31 为笔者自摄。

（2）浙江图书馆大学路馆舍

浙江图书馆大学路馆舍位于大学路 102 号，建于 1928 年至 1930 年，建筑面积为 2684 平方米。建馆的资金来自浙江都督汤寿潜遗嘱捐资，大楼的设计单位是当时著名的庄俊建筑师事务所。建筑坐北朝南，两层钢筋混凝土结构，"工"字形平面。正立面为横向三段式构图，底下是基座，有花岗岩砌筑的 13 级大台阶通达；中间是 16 根多立克柱，做法地道纯粹，建筑被分为 15 个开间，柱间为大玻璃窗，中部 5 间为一段，两边五间对称排布，也形成了竖向三段式处理；最上面是檐部和女儿墙，檐下有线脚，层层收进，带齿状装饰。大门正中檐下写着"浙江图书馆"几个字，为蔡元培所题。立面的正中三开间为红色铁门，装饰色彩鲜明的花饰。从大门进入，室内大厅平顶作十字梁，西式做法为主，局部点缀中式构件。钢铁、玻璃、钢筋混凝土的应用获得了大跨度室内空间，也使该楼具有现代建筑的特征。建筑立面简洁大气，体现出图书馆建筑的庄重感（见图 7-32）。

图 7-32　浙江图书馆大学路馆舍

（3）逸云精舍

逸云精舍建于 1927 年，位于平湖秋月孤山路口，占地 1.375 亩，建筑面积 437.68 平方米，平面呈"凸"字形，内有大小房间 17 间，是一幢三层的中西合璧式花园别墅（仲向平，2003）。建筑坐北朝南，前后都有花园。建筑中式风格浓厚，飞

图 7-33　逸云精舍

图片来源：仲向平：《杭州老房子》，中国美术学院出版社 2003 年版，第 298 页。

檐翘角，琉璃黄瓦。南立面一层有八根科林斯柱式，柱子直接支撑檐口下方的装饰挂落，是比较特殊的做法。建筑次入口设弧形阶梯，二层有阳台，设宝瓶栏杆。建筑室内采用了水磨石地面，天花装饰石膏线脚（见图7-33）。

（4）西华大楼

西华大楼是电力公司的办公楼，位于现上城区解放路与浣纱路交叉口，是当年杭州的最高建筑，被称为"七重天"。建筑于1935年开工建造，1936年竣工。建筑占地面积1.35亩，建筑面积达1000多平方米，其西侧为6层，东侧7层（仲向平，2003）。大楼为钢筋混凝土结构，一层地面以水磨石及水泥铺筑，二楼以上为蜡地板。建筑立面处理以竖向线条为主，开方窗，不事雕饰，简洁明快，已经是现代立面处理手法（见图7-34）。

图 7-34 西华大楼

图片来源：仲向平：《杭州老房子》，中国美术学院出版社2003年版，第47页。

（5）浙江省国货陈列馆劝业场

设市后，建设厅为促进工商业发展增建浙江省国货纪念馆劝业场，在旧的劝工场外用钢筋水泥建成市屋113间，于1928年建成，主体建筑2层，局部有3层。建筑沿街建筑，内部围出庭院。在立面处理上，壁柱直通屋顶，拱券成为主要的构图要素，靠马路的立面一层两开间形成一个拱券门，二层则每开间形成一扁平券。建筑主入口处为三层，一层正中为一拱券门，其上部二、三层以窗间墙凸出墙体形成竖向构图，二层开长条方窗，三层为拱券窗。入口两侧墙体略微凸出形成墙垛，同样强调竖向构图，一层为方窗，二层为拱券窗。靠内院一侧的立面同样以壁柱均匀划分开间，一层为拱券，二层为平券。入口处形成门楼，上方为阳台，装饰宝瓶栏杆。入口屋顶上方有山墙（见图7-35、图7-36）。

图 7-35　浙江省国货纪念馆主入口立面　　　　　图 7-36　浙江省国货纪念馆透视

资料来源：《浙江省国货陈列馆增建劢工场新屋落成纪念特刊》，1928 年。

（6）浙江省电话局

该建筑占地面积为 4.711 亩，有一大一小两幢楼房，二层小楼建筑面积为 110.88 平方米，四层大楼七开间，钢筋混凝土结构，建筑面积 1747.5 平方米，大楼为英国建筑师设计，手法严谨（仲向平，2008）。立面为横向三段式构图，由下至上分别是勒脚、楼层主体及檐口女儿墙。为强调严谨的对称构图，纪念馆入口位于正中，檐口中部也对应做出三角形山花。壁柱均匀排列，将立面分为 7 个开间。建筑线脚及装饰华丽，山花、盾徽、璎珞等浮雕精致细腻（见图 7-37）。

图 7-37　浙江省电话局大楼

资料来源：《浙江省电话局事业报告》，杭州市图书馆资料。

（3）其他重要建筑

除上文所述 7 个典型实例外，这一时期杭州其他重要建筑见表 7-9。

表 7-9　杭州重要建筑一览

序号	建筑物名称	竣工时间	建筑类型	位置	现用途
1	浙江省邮务管理局	1927年	公用建筑	环城东路5-1、9、10、10-1、11、11-1、11-2号	现为杭州市邮务局
2	汪庄	1927年	园林别墅	南山路37号	现为西子宾馆
3	浙江地方银行	1928年	银行建筑	中山中路149号	不详
4	蒋金监旧居	1928年	名人住宅	东太平巷5号	不详
5	中国盐业银行杭州支行	1929年	银行建筑	中山中路415号	现为杭州税务登记联合办证大厅
6	亨得利钟表店	1929年	商业建筑	凤凰寺大门北侧	不详
7	宁波旅杭同乡会会所	1929年	公用建筑	长生路64号	现已不存
8	浙江省立西湖博物馆红楼	1929年	公用建筑	孤山南麓	现已不存
9	广福里	1929年	公寓里弄建筑	南山路	民居
10	白傅路5号别墅	1929年	园林别墅	白傅路5号	民居
11	蕲王路16号、18号别墅	1929年	园林别墅	蕲王路16号、18号	民居
12	湖滨五弄	20世纪20年代末	公寓里弄建筑	湖滨	现已不存
13	蒋抑厄旧居	20世纪20年代末	名人住宅	羊坝头	不详
14	醒村	20世纪30年代初	园林别墅	笕桥机场	不详
15	常宅	20世纪30年代初	园林别墅	苏堤跨虹桥畔	不详
16	浙江省电话局	1930年	公用建筑	惠兴璐10号3号楼	现为杭州电信陈列馆
17	葛岭旅馆（抱青别墅）	1930年	旅馆建筑	北山路38、39、40号	民居
18	萱寿里（1号-10号）	1931年	公寓里弄建筑	思鑫坊直弄	民居
19	大庆里一弄、二弄	1931年	公寓里弄建筑	中山中路66号	民居
20	寒柯堂	1931年	园林别墅	萱寿里16号	民居
21	逸庐	1931年	园林别墅	邮电路16号	现为市总工会宿舍
22	长生路64号住宅	1931年	园林别墅	长生路64号	现已不存
23	蒋经国旧居	1931年	别墅	石函路7号	民居
24	宋云杉旧居	1931年	别墅	涌金门外67号	现已不存
25	徐祖鼎诊所	1932年	园林别墅	南山路210号	现为中国美术学院皮影艺术博物馆
26	杜庄	1932年	园林别墅	后孤山路10号	现为中国印学博物馆
27	润庐	1932年	园林别墅	宝石山前路1号	民居

续表

序号	建筑物名称	竣工时间	建筑类型	位置	现用途
28	康庐	1932年	园林别墅	南山路178弄1号	不详
29	勤庐	1932年	园林别墅	邮电路52号	民居
30	秋水山庄	1933年	园林别墅	北山路58号	现为新新饭店一部分
31	绿楼	1933年	园林别墅	南山路182、182-1号	一楼商，二楼以上为民居
32	兄弟楼	1933年	园林别墅	长生路13号	现已不存
33	新泰旅馆	1934年	旅馆建筑	邮电路98号	北京同仁堂药店
34	杭州电气公司	1934年	公用建筑	中山中路大井巷口	现为电力系统大楼
35	融杭坊	1934年	公寓里弄建筑	圣塘路与白沙路交叉口	现已不存
36	泗水新村	1934年	公寓里弄建筑	人民路5号	不详
37	教场路1号住宅	1934年	园林别墅	教场路1号	商店
38	王电轮庄	1934年	园林别墅	孤山南麓	现已不存
39	荷花池头44号别墅	1934年	园林别墅	南山路214号	南山书屋
40	电政路1号住宅	1934年	园林别墅	电政路2号和3号	现已不存
41	安吉路37号住宅	1934 年	园林别墅	安吉路37号	民居
42	林风眠旧居	1934 年	名人住宅	灵隐路3号	林风眠纪念馆
43	黄郛旧居	1934 年	名人住宅	南山路113号	不详
44	蒋鼎文旧居	1934 年	名人住宅	龙游路10号	现已不存
45	周岛旧居	1934 年	名人住宅	清波桥河下9号	浙江省军区宿舍
46	何氏女科	1935年	公用建筑	建国中路锅子弄34号	仅余下"寿山堂"主楼
47	中华书局杭州分局	1935年	文化教育建筑	解放路209号	一层为书店，二层以上为酒店
48	学士坊	1935年	公寓里弄建筑	学士路8号	民居
49	恒庐	1935年	园林别墅	南山路202号	现为恒庐美术馆
50	澄心堂	1935年	园林别墅	南山路238-3号	民居
51	可庐	1935年	园林别墅	旧仁和村9号	省公安厅干部宿舍
52	安吉路35号住宅	1935年	园林别墅	安吉路35号	民居
53	沙孟海故居	1935年	名人住宅	龙游路15号	沙孟海纪念馆
54	绿杨新村	1936年	公寓里弄建筑	南山路115号	现已不存
55	李朴园旧居	1936年	名人住宅	曙光路135号	商业用房
56	雷圭园旧居	1936年	名人住宅	灵隐路10号	空置
57	张康培旧居	1936年	名人住宅	平海路21号	现已不存
58	胡健中旧居	1936 年	名人住宅	绿杨新村内	现已不存
59	王子松旧居	1936 年	名人住宅	湖滨路86号	现已不存
60	潘天寿故居	1936 年	名人住宅	荷花池头42号	潘天寿纪念馆
61	平安坊	1937年	公寓里弄建筑	惠兴路与仁和路交叉口	现已不存
62	教场路30号住宅	约1937年	园林别墅	教场路30号	空置
63	商务印书馆杭州分馆	1937年前	文化教育建筑	原解放路587号	杭州市新华书店总店

参考文献：

[1]杭州市交通志编审委员会.杭州市交通志[M].北京：中华书局，2003.

[2]杭州市政府秘书处编辑室.杭州市政特刊[M].杭州：正则印书馆，1935.

[3]刘海岩.电车、公共交通与近代天津城市发展[J].史林，2006（3）：20.

[4]娄承浩，薛顺生.老上海营造业及建筑师[M].上海：同济大学出版社，2004.

[5]阙维民.杭州城池暨西湖历史图说[M].杭州：浙江人民出版社，2000.

[6]任振泰.杭州市志（第四卷）[M].北京：中华书局，1999.

[7]杨军.杭州老房子四编[M].杭州：浙江大学出版社，2009.

[8]仲向平.杭州老房子[M].杭州：中国美术学院出版社，2003.

[9]仲向平.杭州老房子续编[M].杭州：中国美术学院出版社，2004.

[10]仲向平.杭州老字号系列丛书·建筑篇[M].杭州：浙江大学出版社，2008.

[11]周峰.民国时期杭州[M].杭州：浙江人民出版社，1992.

[12]朱金坤.杭州老房子再编[M].杭州：中国美术学院出版社，2007.

[13]邹东.民国时期广州城市规划建设研究[D].广州：华南理工大学，2012：5.

8

结　语

8.1 杭州近代城市建设的现代化进程的历史定位

在中国近代，杭州属边缘城市，其城市现代化进程虽明显滞后于上海、天津等近代主流城市，但也反映了中国近代城市现代化进程的一个侧面，同时作为浙江省内较早开启了城市现代化进程的地区，其发展历程在浙江省内具有一定的典型性和代表性。

近代前期（1927年前），杭州于1896年开埠，中国官方从一开始就与西方殖民者在通商场与租界的建设上分庭抗礼。从杭州近代前期的城市建设看，通商场与日租界的发展均极为有限，1913年旗营的拆除及新市场的建设真正打开了近代杭州城市建设的局面，中国官方作为杭州近代前期城市建设的主体，主动开启了城市的现代化建设与管理，与此同时民国政府的成立、现代城市交通方式的出现等因素均为城市建设注入了新的动力，在中国官方的主导下，杭州于20世纪20年代在城市建设管理制度及城市建设发展上均逐步赶超了省内最早的五口通商口岸城市宁波。

杭州在近代后期（1927年后）设市，在南京国民政府及浙江省政府统一制度框架下，成立了现代城市建设管理机构并制定了相关的现代城市建设管理法规，将城市市政建设与建筑管理纳入法制化轨道，城市建设的现代化进程加快。但与主流城市上海相比，尽管在城市建设管理制度上与其有较高的相似性，但在城市建设及落实层面差距甚大。

8.1.1 前期杭州以中国人为主导的后发主动型城市现代化进程

杭州于 1896 年才正式开埠，相较于本省最早的五口通商口岸城市而言，属于后发城市。当西方人已经在宁波江北外人居留地成立城市建设管理机构、开展现代城市建设与管理的时候，杭州还未有太多变化，城市现代化进程的起点晚于宁波。其城市建设管理机构的出现、城市建设管理法规的颁布及城市建设开展的起始时间均较宁波晚了 40 余年。

杭州近代前期的城市建设现代化进程是以中国人为主导的"主动型"城市现代化进程，主要体现在以下两个方面：其一，杭州近代前期的城市建设一开始就是西方人与中国人同步进行的，且相较于西方人，中国人在杭州近代前期的城市建设中起到了更重要的作用；其二，中国人的城市建设管理机构与法规的发展是杭州近代前期城市建设管理制度发展的主体。

首先，杭州近代前期的城市建设一开始就是西方人与中国人同步进行的。杭州虽较宁波为"后发"，但由于起始的时间已接近 1900 年前后，中国人对西方现代城市建设理念及制度的学习已接近半个世纪，对城市建设的现代化已并不陌生（接受了先进的理念），因此从开埠起始就与西方人进行现代城市建设主导权的争夺，并且逐步在争夺中取得了更多的主动权，一开始就加入到杭州的城市建设与建筑活动中来，因此杭州的城市现代化建设最初是西方人和中国人同步进行的，且相较于宁波而言，是由中国人所主导的。由于具备更多的主导权，因此相较于西方人，中国人也在杭州近代前期的城市建设中起到了更重要的作用。此外与宁波类似，杭州的对外贸易也未能如上海一般繁盛起来，这也导致西方人并未在杭州投入更多的精力，仅在日租界进行了零星的建设。相反，在通商场与日租界之外，中国人主动开展了各类建设，沪杭甬铁路的修筑、新市场的开发均是中国人主动对杭州进行现代化建设的有力例证。特别是新市场开发后，以城市道路为主的城市市政建设得到了一定程度的发展，建筑活动方面，在中国人的建设之下，新的建筑类型与形式增多，城市现代建设现代化进程加快。

其次，中国人的城市建设管理机构与法规的发展是杭州近代前期城市建设管理制度发展的主体。从城市建设管理机构看，中国官方早在开埠初期就成立了管理通商场的工程局（1896），以后的规划工程事务所（1913）、省会工程局（1915）等也均由中国官方设立，在管理范围上，前期工程局及规划工程事务所仅负责通商场及新市场等局部地段的城市建设及管理，但省会工程局的管辖范围已经覆盖杭州全市。相比较而言，西方人并未在日租界之外有更多的建设，管理及建设均仅限于城市局部。此外据笔者所收集的现有史料看，日租界并未颁布单独的城市建设管理法规，近代前期杭州西方人的城市建设管理制度发展极为有限。进入民国以后，中国人更是主动颁布了城市建设管理制度，对建筑许可制度、招投标制度、工程监督及验收程序等开始实行更规范化的管理，同时还开始颁发并落实相关的市政管理制度，在城市建设管理制度上实现了一定程度的发展。因此中国人的城市建设管理机构与法规的发展是杭州近代前期城市建设管理制度发展的主体。

总体而言，虽起步较晚，杭州近代前期的城市建设现代化进程更多的是由中国人主导，与宁波的发展模式不同，体现出更大的自主性与主动性。

8.1.2　后期杭州城市建设管理制度对于近代主流城市的效仿与滞后

近代早期，西方人在上海租界内设立的现代城市建设管理机构为西方人在中国其他租界或"近似租界的特殊区域"设立了仿效的摹本，同时也为近代主流城市及边缘城市的中国人提供了城市建设管理制度的可资借鉴的范本。杭州开埠后开始了对西方现代城市建设管理体制的效仿，首先是中国官方在通商场成立了工程局（1896），1915年浙江军政府成立的省会工程局在组织构成与职能上已接近上海租界的工部局[①]，1925年的"浙江省省会工程局"也与上海公共租界工部局（1854）的工务处及法租界公董局（1862）的公共工

[①]　杭州1915年成立的省会工程局分为工务股及事务股，总务股接近上海租界工部局的行政部，工务股的职能接近上海公共租界"工务处"营造部、建筑勘察部等部门的职能。

程处的职能非常接近，但在时间及发展程度上相对滞后于上海。至近代后期，南京国民政府的成立使中国城市建设管理制度进入一个相对快速发展的时期，在近代前期对西方城市建设管理制度的学习与模仿的基础上，各地政府开始进一步积极谋求城市建设管理制度的现代化。这一时期，国民政府在首都南京、主流城市上海所制定的城市建设管理制度最为先进，相对走在全国的前列，成为其他城市仿效的范本。杭州也在效仿的基础上成立了现代城市建设管理机构——工务局，制定了相应的城市建设管理法规，基本形成了系统有效的城市建设管理体系及各类工程项目运作程序，将城市市政建设与建筑管理纳入制度化轨道。在南京国民政府的统一制度框架下，杭州在机构设置及法规制定上均效仿当时的南京、上海，但由于发展的差异，杭州又滞后于南京、上海。

8.1.2.1 杭州对南京、上海的效仿

首先，在城市建设管理机构的发展上，设市后，杭州与南京、上海一样，工务局成为管理城市建设的常设机构，落实了作为现代建筑活动管理核心的三大权力——立法权、审批权、监造权。在机构设置上，杭州与南京、上海一样均采用"局—科（股）"两级体系，虽然在具体科室设置上不尽相同，但机构职能比较类似，工程设计、工程营造、建筑审批、建筑取缔等成为各市工务局的基本职能，形成对城市各类工程的相对规范化的管理。且与南京、上海一样[1]，杭州工务局在成立后经历了逐步发展与完善的渐进过程，机构职能逐渐细化和完善，由4科调整为5科，专项细化了工程设计的范畴，还增设了加强对公共工程的经营管理的科室，其工务局各科职能与南京市工务局各股的职能已相对接近。

其次，在城市建设管理法规上，这一时期，杭州均颁布了建筑管理法规，通过对比可以看出，杭州法规与南京、上海的法规具有一定的相似性。其一，

---

[1] 南京市工务局与上海市工务局成立之后均历经调整，其中南京市工务局计划股、营造股的职能相当于调整之前的设计股和建筑股，新设材料股管理相关工具及材料，机构由原来的5科调整为6股。上海市工务局由4科调整为5科。与初期相比，上海市工务局的职能进一步细化，形成桥梁、道路、建筑的专管科室，城市规划也专列科室管理。

从"行政管理规定"与"建筑技术准则"两大部分构成内容上看，"建筑技术准则"部分的内容已经占据主导①，而"行政管理规定"的比例均小于建筑技术准则所占比例，体现出了杭州的现代建筑管理法规与南京、上海相同，其管理法规所具有的技术性含量均已较高。其二，从各地法规具体内容组成看，均包含城市规划层面的总体控制、建筑审批制度的阐释、建筑细节措施规定、结构设计准则规定等基本组成部分，说明杭州与南京、上海的制度相同，在现代建筑管理法规的"控制准则"方面已较为一致，即均对新的建筑技术（建筑结构强度、防火能力、卫生设施等）、新的社会分工和关系（建筑工程运作机制从"二元模式"到"三元模式"转变）及新的城市规划理念等技术指导准则均已较为重视，且是效仿南京、上海制度的产物。

8.1.2.2 杭州相对于南京、上海的滞后

首先，在城市建设管理机构的发展上，与南京、上海相比较，杭州呈现一定程度的滞后。从设置情形与历次调整看，初设时，在科室数量上，南京最多（5科），杭州与上海次之（4科）。第一次调整之后，总体来看，南京的工务局机构分支仍最多（6股），上海、杭州次之（5科）。第二次调整后，南京维持原有机构不变，上海在原来基础上增设材料处，但杭州工务局均改为工务科，机构未能进一步扩大和完善。在具体职能上，南京、上海市工务局始终将工程设计与工程营建分设科室管理，上海市工务局到后期还形成了桥梁、建筑、道路、规划的专管科室，组织机构不断细化；杭州虽也将工程设计与工程营造分开管理，但并未形成城市规划及各类工程的专管科室。总体来看，杭州与南京、上海在现代城市建设管理机构发展上仍存在比较大的差距，呈现一定程度的滞后。

其次，在城市建设管理法规的发展上，杭州虽然在设市后多次修订和完善其建筑管理法规，形成了基本满足现代建筑活动管理需求的管理规定，但相对于南京、上海法规而言仍较为滞后。其一，法规的技术准则条文，尤其是以数字、表格等量化表达及限定的技术理性内容，上海为85%，杭州为

①　以完善期（维续期/第3阶段）的法规为例，建筑技术准则法条所占比例上海为87%，南京为85%、杭州为76%，宁波为67%。

214

83%，上海领先于杭州。到 20 世纪 30 年代中后期，杭州规则（1936 年的《杭州市建筑取缔规则》）法条数量增加到 248 条，而南京 1933 年规则（《南京市工务局建筑规则》）法条数量达到 277 条，上海 1934 年规则（《上海市建筑规则》）法条数量为 237 条，杭州规则与上海规则十分接近。从建筑技术准则条文在总条文数量之中所占比例来看，上海为 87%，南京为 85%、杭州为 76%，上海与南京接近，均高于杭州。总体来看，杭州的法条总数与建筑技术准则所占比例也均低于南京，虽然在法条总数上与上海规则比较接近，但在建筑技术准则所占比例上低于上海。其二，从法规内容看，杭州法规在章节构成及各章法规内容上均与上海较相似，但南京规则在内容上较上海、杭州规则更为翔实，如对请照手续、营造手续、取缔手续、公共建筑、设计准则等内容的规定均更为系统和全面，法规也涵盖了一些上海、杭州法规未曾涉及的内容，如"杂项建筑"。因此从内容上看，南京规则最为先进全面，上海与杭州相对比较接近。总体来看，杭州法规较南京、上海法规仍有一定程度的滞后。

8.2　杭州近代城市建设现代化进程研究的展望

以史为鉴，可以知兴替，城市发展的历史蕴含着今天城市发展的潜在原理，近代城市的发展更是当今城市发展的基础。杭州虽为近代边缘城市，但其特殊的地理区位、历史条件造成了它在中国近代城市建设现代化进程中的特殊地位，而城市建设现代化研究涉及诸多内容，本书仅尝试抛砖引玉，以期将来对其研究可以进一步深入，例如与周边城市进一步的比较研究，探究其与主流城市（如上海）之间的差距，以及其与其他边缘城市（如宁波）的差异，进一步尝试寻找物质空间变化后面的更深层次原因，进一步挖掘史料并进行多学科交叉、多种研究方法相结合的综合研究等。笔者认为，未来的研究应着重在以下 5 个方面。

8.2.1　比较研究的深入

在中国近代城市建设与建筑史的研究上，关注度比较高的一直是主流城市，如上海、汉口、天津等，近年来边缘城市的研究也逐渐得到重视，但相关研究还缺乏系统性，在覆盖面和研究深度上也仍有所欠缺。对于每一个边缘城市在中国近代城市建设现代化进程中的历史定位，除需深入边缘城市本身的研究之外，也不能忽视其与主流城市及其他边缘城市的比较研究。于杭州而言，由于地理位置上临近主流城市上海及边缘城市宁波，因此在其近代城市建设的现代化过程中，势必受到这两个城市的影响。而同为最早的通商口岸，上海和宁波在近代经历了完全不同的发展模式，到近代后期，其城市地位已然有天壤之别，除了地理区位是一个重要的原因之外，还有多层面的其他因素影响。位于两者之间的杭州，在其城市现代化进程中，与上海、宁波之间存在何种联系，形成了哪些共同点和差异性，这些问题值得进行更深入的探索。本书尝试对杭州与上海、宁波近代城市建设管理制度进行了一定的比较，但是城市建设现代化进程是一个综合因素作用的结果，因此相关研究仍有待进一步深入。

8.2.2　制度研究的深入

无论是城市规划的落实还是建筑空间的实现，城市物质空间变化的背后均有众多因素发挥作用，制度就是其中的重要部分。从传统城市到现代城市的转变不是一朝一夕的事情，中国近代城市建设的现代化进程经历了一系列转变，首先就是西方现代城市建设管理制度的传入，开埠口岸的租界区开始实行西方现代城市建设管理制度，无论是市政建设还是建筑活动，均有相关的法规进行规范。与此同时，西方现代建造技术传入中国，大大改变了城市面貌。在租界的示范作用下，中国政府也看到了西方现代城市建设管理制度和技术的先进性，开始模仿学习并实行，这也是中国近代城市建设现代化进程的起始。因此，要探究中国近代城市建设的现代化进程的原因和运行机制，制度便是重要的突破口。城市建设管理制度不仅包含城市建设各类规范，还包括各类管理机构的设置，因此其制度本身就是一个庞大的系统。在近代杭州的城市建设现代化进程研究中，笔者有幸找到了杭州近代城市建设管理机构设置与城市建设管理法规的部分一手资料，但未能完全了解相关法规的制定和实行过程，同时有部分法规还限于史料未能进行全面了解，因此近代杭州的城市建设管理制度研究仍有进一步深入的广大空间。只有对制度进行更深入的研究，方可对其城市建设现代化进程进行更全面的剖析，因此后续研究值得期待。

8.2.3 史料挖掘的深入

如前文所述，笔者多次提及史料缺失的问题，近代杭州城市建设的历史资料散布范围较广，笔者在多年研究过程中，走访了浙江各类图书馆、档案馆、城建档案部门，也通过线上资源获取了不少民国图书、报纸及期刊资料，如中国国家图书馆已经公开的一些相关资料，但仍有很多资料未能涉及，其中不少史料目前留存国外，如在日本有比较详细的日租界部分记载资料。同时，由于中国近代并没有完善的档案记载和管理部门，当时尚未形成现代档案记载目录，因此并未形成关于城市建设的各类专项记载，近代杭州城市建设的各类事件记载多散布于当时的报纸、期刊、政府工作报告中，而这当中的不少史料目前处于缺失状态，这大大增加了信息获取的难度。中国各地图书馆和档案馆的史料电子化过程在持续开展中，笔者相信不远的将来会有更多的史料进一步公开，这也将进一步推进杭州近代城市现代化进程的相关研究。

8.2.4 学科交叉的深入

中国近代城市建设的现代化进程是一个庞大的体系，是一个多种因素相互作用、相互影响的过程。因此，中国近代城市建设的现代化进程研究，在学科门类上，不仅涉及城市规划、建筑学、市政工程，还涉及历史学、社会学、经济学、管理学等学科。笔者对杭州近代城市现代化的研究虽然从城市规划、建筑等视角进行了相关分析，但在历史背景、制度推进和城市发展作用机制方面仍有学科背景方面的不足，还需进一步加强学科交叉的研究和分析。

8.2.5 分析方法的创新

长期以来，学界对中国近代城市的现代化进程研究多偏向史实研究，偏重历史回溯、考证，在分析方法上，定性分析较多，定量分析较少。但在城市建设与发展这个范畴内，不仅需要对数据进行分析，还需要对相关运行机制进行分析，仅仅采用计量史学的研究方法远远不够，因此接下来的研究可以借用诸如原因分析等方法对近代城市建设等内容进行更深入的原因、背景及结果分析，导出更加立体的近代城市的空间演变进程。除此之外，还应结合城市规划与建筑学的相关研究方法，对城市建设进行更有针对性的点线面研究，例如通过 GIS 地理信息系统等软件实现空间的定位分析，并由此导出城市各类建设的分布特点。可见，未来关于杭州近代城市建设现代化进程的研究可将多种研究手段、分析方法相结合，从而得出更加全面且深入的分析结论。